U0096003

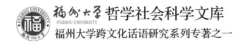

福州大学哲学社会科学文库

福州大学跨文化话语研究系列专著之一

概念史视域下

近代"日本哲学"的诠释与建构

陈晓隽 著

商务印书馆
The Commercial Press

本书获得福州大学外国语学院学术专著出版基金资助

本书受教育部人文社会科学研究青年基金项目
"概念史视域下'日本哲学'建构的批判性研究"
（项目批准号：20YJCZH011）资助

序　言

陈晓隽博士的研究论著《概念史视域下近代"日本哲学"的诠释与建构》即将经商务印书馆出版，嘱我为之作序，故而不以己之鄙陋，匆匆撰文，聊以为序。

正如该书标题所示，作为"哲学"，即来自西方的 philosophy 的翻译语，究竟是如何在日本生根发芽，进而作为"日本哲学"而得以确立下来，这一过程一直是学术界密切关注的对象。尤其是自 21 世纪以来，围绕这样的概念史的研究，不仅在美国，同时也在日本、在中国引发了广泛的学术讨论。"日本哲学"是否可以作为概念而得以确立下来，"中国哲学"是不是一个"伪概念"？应该如何把握来自西方的"philosophy"？经由日本而传入中国的"哲学"这一范畴是否准确，我们要如何把握中国自身的儒学、理学？这样的一系列问题不仅牵涉到"philosophy"的本来面目，作为"元知识学"的基础，也涉及东方人，尤其是日本人、中国人如何接受"philosophy"，如何接受"西方"或者"现代"的问题。因此，本课题是一个以小见大的大课题，是一个以微见著的大问题。

就该论著阐述的三大人物西周、井上哲次郎、西田几多郎而言，西周尝试通过"哲学"而构筑起学问体系，真正地将西方的学问输入进来。这一点仿佛带有了费希特"全知识学"的基础。井上哲次郎的"现象即实在论"学说亦来自德国，至少表面上更多地依赖于黑格尔的哲学，不过井上最后的落着点却在"国民道德"。这一点应该说也来自德国的国家体制。西田几多郎的哲学架构尽管是以"纯粹经验"为出发点，这一概念来自美国心理学者威廉·詹姆斯，但是随着不断地改正、扩充、补完，西田最终将批判的视角指向了黑格尔的"过程辩证法"。这一理解是否准确在此姑且不论。由此可见，依托、沿袭、批判以费希特、黑格尔为代表的德国哲学，仿佛成为近代日本构筑自身哲学的一条捷径。

但是，真正的"日本哲学"的建构却较之这样的"依托、沿袭、批判"更为复杂艰深。借助西田几多郎的表述，在此我谨引用这一段来自《善的研究》的著名文字：

> 我的纯粹经验的立场，到了我写《自觉中的直观和反省》一书时，就通过费希特的"纯粹活动"的立场，发展成为绝对意志的立场；到了写《从动者到见者》一书的后半部时，又通过希腊哲学转变到"场所"的观点。到那个时候我才觉得获得了对我的思想进行逻辑化的开端。于是"场所"的观点，就具体化为"辩证法的一般者"，同时"辩证法的一般者"的立场就直接化为"行为的直观"的立场。在本书中所说的直接经验的世界或纯粹经验的世界，现在已经看做是历史实在的世界了。行为的直观世界、即想象的世界才是真正的纯粹经验的世界。①

作为核心概念，在此我们可以不必理会"纯粹经验"的立场、"绝对意志"的立场，进而是"场所"的思考，而后则是"辩证法的一般者""行为的直观""历史实在的世界"等一系列范畴。最为关键的，倒不如说是在于"转变"，而后是"逻辑化""具体化""直接化"，这样的极为形象的表述，可以说最为直接地再现了西田几多郎构筑"西

---

① 〔日〕西田几多郎：《善的研究》，何倩译，商务印书馆，2010 年，第 1 页。

田哲学"的曲折迂回。

尽管通过这样的阐述,我们成功地给"日本哲学"的诠释与建构的过程赋予了"复杂性",但是作为哲学本身却不应该是陷入不可解的困境,而应该是为当下的我们提供启迪。就此而言,日本哲学的建构道路为什么会趋向学问体系,会趋向"国民道德",会趋向西田几多郎所谓的"我的逻辑"——西田几多郎最后未完成的论文标题。在这样的线索背后,也可以让我们认识到近代日本所面对的不少陷阱。这样的陷阱是否是"philosophy"或者"西方"所导致的,在此或许难以确定,但它至少是一个潜在参与的"共谋者"。

回归本书,陈晓隽博士一直跟随我研究学问,自硕士阶段的翻译学研究,到博士阶段的比较文化学研究,一直是孜孜不倦、刻苦努力,为此我亦深切感慨!尤其是在如今浮躁的时代,他能保持一颗清明之心,持之以恒地钻研学问,为之拼搏、为之奋斗,实在是难得之举。尤其是本论著的撰写,可谓是集长年之功,奋身心之力,故而才得以获得商务印书馆的支持,得以付梓出版,实为人生大幸!

最后,谨以一首小诗赠予晓隽博士,以求共勉!

回眸百载慰余生,问道东瀛恨未平。

几度负笈求学识,而今拾贝论精英。

前人后辈同商量,老凤幼雏共舞鸣。

莫道人间知己少,还将残念寄山樱。

吴光辉

2022 年 5 月 21 日夜于海滨竹荼斋

目 录

绪　论

第一节　研究缘起

近代西方哲学东渐的问题，是东亚学者广泛关注的一个问题。具体而言，作为来自西方的 philosophy 的翻译语——"哲学"，如何被近代日本接受，进而作为"日本哲学"得以树立并确定下来，这一过程一直是学术界密切关注的。尤其是自 21 世纪以来，围绕这样的研究，在日本和中国引发了广泛的学术思考和讨论。

作为这样一个基本命题，迄今为止，绝大多数学者认为东方对于西方"哲学"的接受是在近代以来的"西学东渐"的背景之下，面对西方的冲击，不得不采取应对、适应、屈服的态度来接受，依附西方来发展自己，从而呈现为一个"后发外生型"的模式。在这一过程中，西方的现代性原理构筑起了以西方为中心，以非西方的民族国家为他者的二元对立的框架。在这一过程中，西方的"哲学"也传到了东方，冲击着以儒学为根基的东方思想体系。

如今，概念史（Begriffsgeschichte）研究作为一个学术研究的新视野而备受关注。所谓"概念史"，就是研究文本的语言和结构，关注文本的意义与内涵，借助历史上的主导概念的研究来揭示该时代的基本特征。[①]可以说，概念史的研究对各个学科的逻辑起点，尤其是基本

① 孙江主编:《亚洲概念史研究（第 1 卷）》，商务印书馆，2018 年，开卷语 i。

概念的演绎提出了深刻的质疑。在这一过程中,不管是中国哲学还是日本哲学皆遭遇到了根本的质疑。审视迄今为止关于"日本哲学"的学术研究,绝大多数是以"日本哲学"的确立为既有目标,探讨近代日本的哲学家们是如何走过一条创立"日本哲学"的道路,尤其是近代日本最具代表性的哲学家西田几多郎,在这一研究的背后,就是将"日本哲学"把握为"具体的普遍"的问题,认为日本实现了"哲学"的日本化。但是到了如今深度探究"概念史"的一个时代,来自西方的现代性话语体系的"冲击"成为我们反思这一问题的焦点之所在。正如日本历史学研究者佐藤正幸探究"History"的根源性一样①,如今也出现了一种叩问"哲学"的趋向,即来自西方的"philosophy"是否具有普遍性。与此同时,就在这样的不断异化与自我诠释之间,"日本哲学"这一概念是否可以确立,也成为被叩问的对象。

探究"日本哲学"的确立过程,或许需要我们回到过去,还原历史,从而找到"哲学"或者说"philosophy"是如何被加以输入、落实、创新的。但是,这一过程本身就带有一种话语霸权,即"philosophy"带有了知性的权威,带有了文明的权威,也就是带有了"价值判断"的内涵。因此,在经历了这样的"审美"的考验之后,我们是否也可以将"哲学"视为西方精神的糟粕,视为西方文明的"恶"——至少尼采丝毫不曾掩饰这样的一个态度。也就是西方传来的,绝不只是文明、自由、民主,也有鸦片、殖民、种族歧视一类的糟粕,"哲学"是否也会如此?或许我们如今没有这样的力量去否定它。但是,就日本而言,是否存在着就"philosophy"这一范畴而产生的本质性"误读",这样的"误读"或许带有所谓的创造性,但是却依

---

① 〔日〕佐藤正幸:《历史认识的时空》,郭海良译,上海三联书店,2019 年,第 1～16 页。

附在日本自身的"需要"之下，应该也必然成为我们深度挖掘、持续探究的一大问题。至少，我们可以站在逻辑推导的一大视角，就"日本哲学"的存在样态展开怀疑、进行反思，并借助概念史研究的理论，尝试审视和反思"哲学"在日本是如何被赋予一种合法化，乃至究竟存在着什么样的问题。

因此，本研究的缘起具体而言：首先，西周是最早将"philosophy"翻译为"哲学"的代表性人物，是留学欧洲并将"哲学"输入日本的先驱；井上哲次郎担任日本东京大学的教授，以一个"制度化"的方式，将哲学落实到国家主义教育的实践之中；西田几多郎树立起了日本近代最大的哲学流派——京都学派，一直延续至今，并具有世界性的影响力。因此，本书研究的基本缘起之一，就是以这样的知识分子为中心，探究近代日本自输入并移植"philosophy"这一概念，到接受与教授"哲学"，再到树立与建构"日本哲学"，究竟走过一个什么样的轨迹，具备了什么样的模式特征？

其次，近代西方哲学缘起希腊，以笛卡尔所谓的"怀疑一切"的精神而得以重新树立，而后经历了多个不同的发展轨迹。哲学原本是"爱智"之学，近代以来转为"怀疑之学""观念之学""功利主义""实证主义"，再到现代科学、心理学的冲击，哲学的本来面目随着时代的变迁呈现出不同的特征。在西周接受西方 philosophy 之际，或是评价为"公平正大之论"，或是将之诠释为"统辖诸学之学"，"哲学"这个概念具有了统辖、统一的内涵；到了井上哲次郎，"哲学"则成为国家主义观念下的一种道德主义的呈现，以为国家服务为目的的、被制度化了的学问。不过到了西田几多郎，正如其未完成的论文《我的逻辑》所提示的，哲学成为"自我"的学问，这与哲学在西方的发展轨迹截然不同，"哲学"在近代日本的展开自探索普遍性的知识体系转变为对"自我"的主体性的诠释——这样的"自我"不仅是作为独立个体的哲学家，也是作为主体性的民族国家而存在的日本。在自"统辖之学"到"道德主义"，再到"自我的探索"的过程中，"philosophy"的内涵在日本究竟经历了什么样的转型，遭遇了什么样的"命运"，如何站在一个理性的立场就这一过程提出真正的批评与反思，这是本研究的基本缘起之二。

在接受"哲学"的过程中，中国走出一条单纯性地接受，"功利性"地选择，改造式地融合的基本轨迹。具体而言，西方的philosophy早在17世纪就传到中国，并直接地被翻译为"斐录所费亚"，或者按照它的原意解释为"爱知学"，或者借助传统儒学概念解释为"格物穷理之学"。19世纪中后期出现的philosophy一词，一开始是延续17世纪以来的一个翻译，即"格物穷理之学"。但是，到了世纪更替之际，开始出现"哲学"这一译语，并确立了它作为统合之学的表述爱智、探索真理的内涵。这一新的范畴应该说来自日本，日本哲学者的译语取代了中国人接受西方学问之际自创的诸多范畴。那么，站在中日接受西方哲学的共同课题这一前提下，基于中日比较的视角，审视与探讨西方的"philosophy"这一概念在东方被加以接受的过程或者问题，乃是本研究的基本缘起之三。

第二节　学术史的梳理与评价

围绕近代"日本哲学"的研究与评价这一问题，可以说一直伴随着"日本哲学"的萌芽、出现、发展，且一直延续到了现在。尤其是到了全球化时代来临的现在，这一合法性危机的问题更是受到了前所未有的关注。追究这一问题的本质，借助法国哲学家萨特的术语——"他人的眼光"（le regard des autres），也就是我们始终处在西

方 "philosophy" 的 "眼光" 之下，我们试图通过建构与确立出自身 "哲学" 的合理性，由此来质疑以西方语境为根底的所谓的 "合法性"，从而使自身成为一个真正的独立主体。

目前相关的研究著作汗牛充栋，在有限的篇幅中不能一一列举，本书将立足现有的具有代表性的文献资料，以日本、欧美以及中国的研究学者为对象，概述近代日本哲学研究的共性，并就其个性特征进行总结与分析。

一、日本学术史的梳理与评价

审视日本在这一领域的前期研究成果，究其立场主要如下：

（一）思想史的立场

提及思想史研究，有久保阳一的《近代日本哲学中西洋思想与传统思想的关联——从西周到九鬼周造》[①]、板桥勇仁的《日本的哲学方法——从井上哲次郎到西田几多郎》[②]、小坂国继的《明治时期的形而上学》[③] 等一系列代表性论文。

在此值得一提的是富有影响力的日本学者高坂史朗，他先后发表了《从儒学到哲学》《儒教与 Philosophy 的纠葛》《近代之挫折——东亚社会与西方文明的碰撞》一系列文章和著作，阐述了哲学与儒学思想之间的分歧、近代日本知识分子尝试赋予东方思想以 "哲学性" 之努力的问题。高坂在《近代之挫折——东亚社会与西方文明的碰撞》[④]

① 久保陽一. 近代日本哲学における西洋思想と伝統思想との関連について：西周から九鬼周造まで. 駒沢大学文化（3），2012.

② 板橋勇仁. 日本における哲学の方法——井上哲次郎から西田幾多郎へ. 立正大学文学部業（119），2004.

③ 小坂国継. 明治時期の形而上学. 国際哲学研究（2），2014.

④ 〔日〕高坂史朗：《近代之挫折——东亚社会与西方文明的碰撞》，吴光辉译，河北人民出版社，2006 年。

中阐述了近代日本接受西方哲学，尤其是辩证法的精神历程，他认为新康德派、黑格尔主义以及马克思主义的输入与介绍，成为19世纪末20世纪初日本哲学思想激烈论争的对象，日本人试图建立起"世界性"的整体哲学，但是却陷入了"东方与西方"二元对立架构的陷阱之中。此外，还有清水正之发表的《哲学与日本思想史研究》①一文，他直接地指出了日本思想史研究这一领域是源自近代日本的"哲学"研究，并进而由此独立出来的事实。

（二）哲学史的立场

20世纪具有代表性的日本哲学史研究有永田广志的《日本哲学史》②，麻生义辉的《近世日本哲学史》③，宫川透、荒川几男的《日本近代哲学史》④。进入21世纪以来，站在哲学史研究的立场，有藤田正胜的《日本如何接受"哲学"？》⑤、《何谓思想间的"对话"？》⑥，桑木严翼的《日本哲学的黎明期：西周的〈百一新论〉与明治的哲学界》⑦，船山信一的《明治哲学史研究》⑧等论文和著作。

具有代表性的研究，当数小坂国继的《明治哲学的研究》⑨一书。著者研究明治时期的哲学，但却不是历史性的研究和哲学史的考察，而

① 清水正之. 哲学と日本思想史研究——和辻哲郎の解釈学と現象学のあいだ. 日本哲学史研究（4），2007.
② 永田広志. 日本哲学史. 東京：三笠書房，1937.
③ 麻生義輝. 近世日本哲学史. 東京：近藤書店，1942.
④ 宫川透、荒川幾男編. 日本近代哲学史. 東京：有斐閣，1976.
⑤ 〔日〕藤田正胜：《日本如何接受"哲学"？》，吴光辉、杨晓莉译，《日本问题研究》2012年第1期。
⑥ 〔日〕藤田正胜：《何谓思想间的"对话"？》，吴光辉译，《世界哲学》2013年第3期。
⑦ 桑木厳翼. 日本哲学の黎明期：西周の『百一新論』と明治の哲学界. 東京：書肆心水，2008.
⑧ 舩山信一. 舩山信一著作集第六卷. 東京：こぶし書房，1999.
⑨ 小坂国継. 明治哲学の研究——西周と大西祝. 東京：岩波書店，2013.

是提出新的解读方式——从日本明治时期哲学史的三个视角，即"接受""启蒙""创造"，就西周、大西祝和现象即实在的系谱等三个内容进行细致的考察。著者立足于历史、思想、哲学等错综复杂的线索，挖掘出了明治时期哲学研究的多样化解读的可能性。最为值得一提的是，该书打破了传统的明治哲学的研究范式，体现出一种"后现代性"的研究风格。

现阶段关于这一问题的研究，还有日本哲学流派"京都学派"的堡垒——京都大学日本哲学史方向藤田正胜教授编撰出版的《西田几多郎的现代思想》《知识的坐标轴》《京都学派哲学》《西田几多郎——生存与哲学》《西田几多郎的思索世界——从纯粹经验到世界认识》等一系列著作，探讨了日本哲学是否创造出了一个知识的坐标轴，即作为主体性哲学而得以存在的重要意义。尤其值得一提的是，作为最新的研究成果，藤田正胜的《日本哲学史》[①]将日本哲学史分成受容期、形成期、开拓期三个时期，梳理了日本哲学演变、转型、建构的过程，并聚焦日本哲学史上代表性的学派、人物或者具体化的事件，提供了诸多第一手的资料。

概而言之，日本学者的研究大多站在哲学史、思想史的立场，聚焦现代日本哲学的代表性人物，为本研究提供了极具价值的参考资料。审视如今的研究趋势，日本研究者的视野逐渐从内部转向外部，从自共性研究转向思想对话研究，呈现出多元化的倾向。绝大多数研究是以"日本哲学"的确立为既有目标，探讨近代日本的哲学家们创立"日本哲学"的历程，尤其是近代日本最具代表性的哲学家西田几多郎，但从批评反思视角进行的研究还比较少见。

---

① 藤田正勝.日本哲学史.東京：昭和堂，2018.

二、中国的学术史梳理与研究动态

中国关于日本哲学的研究可以追溯到 20 世纪 60 年代，自 21 世纪以来，我国的日本哲学研究从作为面的"整体概述"，到作为具体的点和线的"专题研究"，都取得了显著的成果。

（一）日本思想史的视角

1. 江户思想研究

围绕江户思想的研究，主要有刘金才的《町人伦理思想研究》[①]、韩东育的《日本近世新法家研究》[②] 和《从"脱儒"到"脱亚"：日本近世以来"去中心化"之思想过程》[③]、王青的《日本近世儒学家荻生徂徕研究》[④] 和《日本近世思想概论》[⑤]、赵刚的《林罗山与日本的儒学》[⑥]、郭连友的《吉田松阴与近代中国》[⑦]、龚颖的《"似而非"的日本朱子学：林罗山思想研究》[⑧]、蒋春红的《日本近世国学思想：以本居宣长研究为中心》[⑨] 等，呈现出了整体概述、人物解读等丰富多彩的研究视角。

2. 哲学思想文化研究

站在文化对话的立场，有吴光辉《传统与超越——日本知识分子的精神轨迹》《近代之挫折》、刘岳兵《中日近现代思想与儒学》《明治儒学与近代日本》、徐水生《近代日本的知识分子与中国哲学》、刁

---

① 刘金才：《町人伦理思想研究》，北京大学出版社，2001 年。
② 韩东育：《日本近世新法家研究》，中华书局，2003 年。
③ 韩东育：《从"脱儒"到"脱亚"：日本近世以来"去中心化"之思想过程》，台湾大学出版中心，2009 年。
④ 王青：《日本近世儒学家荻生徂徕研究》，上海古籍出版社，2005 年。
⑤ 王青：《日本近世思想概论》，世界知识出版社，2006 年。
⑥ 赵刚：《林罗山与日本的儒学》，世界知识出版社，2006 年。
⑦ 郭连友：《吉田松阴与近代中国》，中国社会科学出版社，2007 年。
⑧ 龚颖：《"似而非"的日本朱子学：林罗山思想研究》，学苑出版社，2008 年。
⑨ 蒋春红：《日本近世国学思想：以本居宣长研究为中心》，学苑出版社，2008 年。

榴《三木清哲学研究》等一批书籍的出版，突显了中国学者围绕日本近现代哲学研究、哲学思想文化比较研究所取得的一定的进步。钱国红的著作《走近"西洋"和"东洋"》则是站在"东洋与西洋之间"这一视角，探讨了近代日本文明方向的转型问题。在这一研究中，"哲学"这一范畴更多地以思想、文化的面目得以呈现出来，成为把握日本文化与日本人的关键词。作为最新的成果，以吴光辉《哲学视域下的东亚——现代日本哲学思想研究》为代表，探究了"哲学"这一概念在日本的传播与演绎，梳理了日本哲学者在创立日本哲学之际所走过的历史轨迹，揭示了日本构建"日本哲学"的"创造性"价值。

（二）哲学史的研究

明治哲学思想的研究一直就是近 30 年来中国研究者的关注重点之一。明治维新成功之后，新政府为建立资产阶级国家体制而实施文明开化政策，全面导入西方思想与文化，并在理解、介绍与移植西方哲学的过程中，逐渐形成了明治哲学。此间的日本哲学思想内容丰富，且与日本社会发展息息相关，因此尤为我国学者所关注，其研究成果亦多。首先是站在马克思主义辩证唯物主义与历史唯物主义的立场，来审视日本哲学思想尤其是明治哲学的研究著作，其中具有代表性的是朱谦之《日本哲学史》、方昌杰《日本近代哲学思想史稿》，还有在1984 年出版的《外国哲学史研究集刊》第 6 集《东方哲学研究》中收录的 6 篇明治哲学研究论文；随后，作为中日共同研究之成果，由铃木正、卞崇道共编的《日本近代十大哲学家》[①]出版，书中收入关于西周、津田真道、福泽谕吉、中江兆民和西田几多郎的研究论文。20 世

---

① 〔日〕铃木正、卞崇道:《日本近代十大哲学家》，上海人民出版社，1989 年。

纪 90 年代，毕小辉的专论《中江兆民》①问世，为 20 世纪我国的明治哲学研究画上圆满句号。在明治哲学研究中，我国学者尤其倾力于明治启蒙哲学研究，其方式，一是对代表性的启蒙思想家进行个案研究，二是对启蒙思想进行综合性研究。关于前者，比较集中的研究对象是西周和福泽谕吉。明治哲学研究中另一热点是关于中江兆民哲学的研究。

进入 21 世纪，明治哲学，尤其是京都学派哲学研究迎来了新的局面。其中，吴光辉的《传统与超越——日本知识分子的精神轨迹》②一书，探讨了西田哲学与东方传统思想的关系。刁榴的《三木清的哲学研究——以昭和思潮为线索》③作为中国首部研究三木清哲学的著作，全面介绍了昭和思潮背景下三木清的哲学思想历程。除此之外，还有何倩的译著《善的研究》④，韩书堂的《纯粹经验：西田几多郎哲学与文艺美学思想研究》⑤等。

在此，尤其值得一提的是卞崇道的日本哲学思想研究。1996 年，卞崇道的《现代日本哲学与文化》一书，结合日本哲学、近代思想史等，分析了日本的现代化模式与欧美现代化的关系，指出应打破西方文化价值中心论，提出日本始终保持了与大和民族相结合的独创性。他还指出，与其说日本近代资本主义之精神是"脱亚入欧"的产物，或者说日本传统思想的延续，还不如说是通过东西文化的融合所产生的现代日本之独特的民族精神。强调"东西方文化相结合"是"日本现代化模式的本质特征和意义所在"。⑥2003 年，卞崇道的《日本哲学

① 毕小辉：《中江兆民》，台湾东大图书公司，1998 年。
② 吴光辉：《传统与超越——日本知识分子的精神轨迹》，中央编译出版社，2003 年。
③ 刁榴：《三木清的哲学研究——以昭和思潮为线索》，社会科学文献出版社，2008 年。
④ 〔日〕西田几多郎：《善的研究》，何倩译，商务印书馆，2010 年。
⑤ 韩书堂：《纯粹经验：西田几多郎哲学与文艺美学思想研究》，齐鲁书社，2009 年。
⑥ 卞崇道：《现代日本哲学与文化》，吉林人民出版社，1996 年。

与现代化》一书，站在现代化这一视角，提出"从虚学到实学、伦理
道德观的转型、多元价值观的重构、近代自我的确立、儒学的重构及
其社会功能"[①] 等哲学性的阐释以及日本哲学思想的一系列研究课题。
2008 年，卞崇道出版了《融合与共生——东亚视域中的日本哲学》[②]
一书。该书站在"对话"的立场，探讨了从日本传统儒学、明治哲学
到日本哲学的转型与建构的历程，阐述以"共生"和"融合"文化论
为基础的东亚哲学的"重建"，由此引申出"多元文化共生"的理念。
可以说，卞崇道的日本哲学思想研究成为这一时期中国学术界的日本
哲学思想研究的力作。其重点阐述了日本哲学的现代价值与再生意义，
并提出了构建 21 世纪东亚哲学的时代命题。

在此我们可以看到，无论是宏观的整体研究还是微观的人物研
究，一个理论研究或者系统研究的学术范式正在逐渐形成。中国目前
的日本哲学研究取得丰硕的成果，围绕日本近现代哲学研究、哲学思
想文化比较研究取得了巨大的进步。不过，审视针对日本哲学的评价，
大多是延续了日本所谓的"独创哲学"的赞美态度。针对近代以来日
本的哲学研究者对于"哲学"接受的研究固然不少，但是，站在外部
的立场，日本哲学研究者如何转化、如何树立"日本哲学"的研究则
并不多见。

三、欧美的学术史梳理与研究动态

20 世纪 80 年代以来，随着日本经济的腾飞，不仅日本经济，日
本近代的哲学和思想文化研究亦受到欧美学者的关注。迄今为止，具
有一定影响力的各类研究著作十余部，涵盖了思想研究、哲学史等方

---

① 卞崇道：《日本哲学与现代化》，沈阳出版社，2003 年，第 295～325 页。
② 卞崇道：《融合与共生——东亚视域中的日本哲学》，人民出版社，2008 年。

面。在此，本研究从以上方向进行分类分析和审视综述。

首先，在日本哲学史的研究方面，具有代表性的著作有美国哲学家布洛克（H. Gene Blocker）的《日本哲学》。[1]布洛克立足于哲学史的立场，采取将前近代与近代联系在一起，由此来连续性地把握日本哲学的思想历程的方法，概述了 17 世纪至今的日本哲学的发展历程。

就日本的哲学思想研究而言，首先可以列举出极具代表性的著作，即美国学者詹姆斯·海西希（James W. Heisig）的日本近代哲学研究。2001 年，海西希撰写并出版了名为《虚无的哲学家：论京都学派》[2]的学术专著，通过详细分析京都学派的哲学论证，以及对当时历史语境的讨论，海西希论述了京都学派的三位代表性哲学家西田几多郎、田边元、西谷启治等如何努力实现哲学与宗教的"相互影响"，以及不同宗教之间实现对话的可能性，并高度评价了京都学派在这一过程中所起的作用和与现代日本的关联性。这部著作作为欧美学者研究日本哲学特别是京都学派的代表之作，一直受到日本学者的关注，日本东京大学教授苅部直曾评价指出："《虚无的哲学家》这部著作对于广泛意义上的京都学派的研究有着巨大的价值。通过这本书可以找到，海西希对这些哲学家们的思想分析所开启的'哲学论坛'的方法。"[3]

与此不同，一部分美国学者站在现代思想的研究视角展开研究，如美国学者布雷特·戴维斯（Bret W. Davis）的论文《退步与邂

---

[1] H. Gene Blocker. *Japanese Philosophy*. State University of New York Press, 2001.

[2] James W. Heisig. *Philosophers of Nothingness: An Essay on the Kyoto School*. University of Hawaii Press，2001.

[3] 苅部直. 書評『虚無の哲学家：京都学派』. 日本記念文集（58），2003.

近——从西洋哲学到思索的对话》①和《西田与异文化的对话》②探讨
了西田哲学探讨"无"对于人类哲学发展的贡献，以及西田哲学的现
代意义。尤其值得一提的是，由日本学者藤田正胜和美国学者布雷
特·戴维斯编著的《世界之中的日本哲学》收录了美国著名学者约
翰·马拉尔多（John Maraldo）的论文《从欧美的视点看京都学派的
由来与走向》③以及比利时和法国学者的多篇论文，他们站在东西哲学
思想交流史的立场，探讨京都学派从诞生到发展的轨迹以及与现代欧
美哲学的关联，形成了一个世界性的日本哲学的研究氛围。

综上所述，欧美的日本哲学研究者，站在将日本作为主体性存在
的基点来加以考虑的研究立场，采取了连续性的视角来探索日本哲学
的发展历程与本质特征，尤其侧重通过丰富的文献资料的分析来着重
探索日本哲学以及京都学派。他们所关注的大多是日本哲学的独特性
以及与所处时代语境的关系，而欠缺与日本文化传统的比较以及站在
东亚视域下的批评和反思。

四、总结和评价

概而言之，迄今为止的哲学研究经历了哲学史研究、流派研究、
思想史研究的阶段，取得了丰富的研究成果，为本研究提供了极具参
考价值的资料。尤其是如今的研究发展趋势，研究者逐渐从内部视
野研究转向外部视域研究，从自共性研究转向思想对话研究，研究内
容和研究方法呈现出逐渐多元化、跨学科的特征。在此，就中国、

① デービス，ブレット. 退歩と邂逅——西洋哲学から思索の対話へ. 日本哲学史研究：京
都大学大学院文学研究科日本哲学史研究室紀要（1），2003.
② デービス，ブレット. 西田と異文化の対話. 藤田正勝編. 思想間の対話——東アジアに
おける哲学の受容と展開. 東京：法政大学出版局，2015.
③ ション・マラルト. 欧米の視点からみた京都学派の由来と行方. 藤田正勝編. 世界のな
かの日本の哲学. 東京：昭和堂，2005.

日本和欧美学者的近代日本哲学研究的总体特征，可以归纳如下：

第一，就内容而言，针对近代某个时期的研究细致深刻，但是缺乏针对西方哲学东渐的研究的整体观照；研究专著并不多见，且多为论文集的形式，缺乏系统性研究。

第二，以主题研究为例，最受关注的主题是"京都学派"和"西田几多郎"。不过，针对"哲学"的考察过于拘泥于个人的"哲学"观以及对"哲学"的接受，忽略了"哲学"概念在日本近代文化转型期所具有的特性以及时代内涵，故而缺乏在日本哲学脉络中、比较文化学视野下考察的视域。

第三，就研究的立场和视角而言，对于文化的思考多以评论展开，较少从批评的角度予以探讨。

不可否认，如今的日本哲学研究，或者是某个时代的核心概念的研究史，或者是谋求范式转换的研究方法，或者是"三角测量"的比较性的研究方法，或者是"日本学"框架下的思想研究，应该说大多承袭了日本研究的方法。姑且不谈这样的研究方法究竟是来自欧美还是来自日本，遗憾的是，站在文化批评和反思的立场，从探究概念的视角出发，针对近代日本对"哲学"的接受与建构的研究较少涉及。由此，我们必须以"知识"的架构作为逻辑起点，站在科学而客观的"对话场所"，努力建构一个多样化的研究框架。

第三节　研究内容、理论方法与研究意义

承前所述，日本哲学的研究问题也是西方哲学东渐的研究问题，它既是一个历史性的研究，同时也是一个"多元性"的研究。所谓历史性的研究，可以指它是在众多的学者研究基础之上，探究西方哲学

是如何、以什么样的渠道、借助什么样的方法而传播到了东方，且为之接受、转化、创生的历史性研究；就"多元性"而言，迄今为止，中日和欧美学者从思想史、哲学史、文化交流史等多个视角对这一问题加以探讨，但是，这样的研究是否规范，也需要站在外部的，即"现代性"的角度来加以进一步的审视与批评。在此，本书结合日本与中国学者的研究成果，提出本研究的研究对象、基本框架、理论依据及研究意义。

一、研究对象和基本范畴

本书的研究对象为现代日本学者诠释与建构"哲学"。所谓日本学者，区别于如今流行的知识分子、文化人、知识人等一系列概念，是指具有一定代表性、影响力，提出了关涉学派、文化范畴的一批学者。具体而言，也就是选择西周、井上哲次郎、西田几多郎等一批具有代表性的日本哲学家，剖析他们对"哲学"的认识，以他们诠释与构建起来的"哲学体系"为研究对象而展开研究。

以现代日本学者的"哲学"认识所构建起来的近代文化转型为研究对象，通过阐述与归纳现代日本知识分子的"哲学"认识，尝试分析这一过程中的"哲学"的转型与变迁，揭示现代日本知识分子想象、重构"哲学"概念的内在逻辑与根本指向，探讨西方"现代性"在现代日本学问体系的重构之中彰显出来的话语霸权，并对现代日本以东方与西方、中国与日本这样的二元对立框架结构来确立自身主体性的逻辑或方法提出批判。

具体而言，本书的考察对象设定在了1868年明治维新开始至1945年日本战败的近代化时期，力图通过历史考证与实证分析的方法来建构日本接受"哲学"轨迹的基本模型，也就是接受过程的思想启蒙化、知识制度化、思维结构日本化之间彼此影响与相互促进的图式。本书认为日本接受"哲学"和建构"日本哲学"的基本模式可以归纳为：思想启蒙化是根本前提、知识制度化是基本标志、思维结构日本化是内在基准，它不仅是逻辑性的，同时也是历史性的一个基本模式。

此外，近代"日本哲学"的诠释与建构研究还要确认一下"诠释与建构""概念史视域"等基本概念范畴。

首先，何谓"概念史视域"下的研究？本书认为以赖因哈特·科泽勒克（Reinhart Koselleck）为代表的德国概念史研究，是以关注概念与社会、政治之间的动态关系为对象的一门新兴学问。概念史理论注重词语的历史，词语被赋予了怎样的政治、社会内涵并因此而变成概念的历史。中国学者方维规站在中国学问的研究立场，提出："历史沉淀于特定概念并凭借概念成为历史。没有政治、经济、社会、文化的中心概念，便没有现代意义上的历史观。概念史考察不同文化中的重要概念及其发展变化，并揭示特定词语的不同语境和联想，亦即概念的延续、变化和新意，发现并阐明概念在过去与现代之间的差别及其起源和成因。"① 也就是说，概念史通过对历史中关于政治和社会的"主导概念"的形成、演变、运用及社会文化影响的分析，来揭示历史变迁的特征。

本书认为：这样一个方法适用于日本哲学研究者西周、井上哲次郎、西田几多郎诠释与建构"哲学"的过程。具体而言，本研究借鉴德国概念史家赖因哈特·科泽勒克的"概念史"理论，阐释具有代表性的日本哲学者接受与转化"哲学"的历程。也就是以"哲学"在日本的接受、转换、创生为演绎过程，聚焦日本"哲学之父"西周、国家主义者井上哲次郎、"日本哲学"的创立者西田几多郎，探究日本哲

---

① 方维规:《什么是概念史》，生活·读书·新知三联书店，2020年，第5页。

学者移植、转化和超越"西方哲学"的过程。

其次，如何把握这样一个"西学东渐"的问题，本书提出的解答就是"诠释与建构"。何谓"诠释"，也就是解释性地把握"philosophy"、把握"西方"。这样的解释性与过去的文明的判断式——福泽谕吉所谓的"文明、半开化、野蛮"的划分方式不同，也与审美性的认识方式——犹如内藤湖南的"东洋史学"的最初意图不同，乃是一种"诠释性"的批评方式，也就是尝试着去加以解读。由此，这样的解读也就必然或多或少地带有了"问题"或者"错误"，也就是区别于一种理性判断的认识方式。不过，在本书的视域下，这样的"问题"或者"错误"与其说是问题或者错误本身，倒不如说反而成为一种不同于"philosophy"、不同于"西方"的思想构造的"创造"。这样的思想构造是否就是"日本的"或者带有了"日本性"，应该说也存在着不小的迷惑之处。但是，或许这样的疑问、这样的反思是日本人这一主体构筑起来的，因此也就带有了"日本的"范畴或者内涵。就是在这样的对立结构下，"日本哲学"开始登场，且被予以认可地建构起来。所谓"诠释与建构"，就是这样一个思想结构。

二、理论依据和研究方法

（一）理论依据

本研究的理论依据，首先是概念史，借助赖因哈特·科泽勒克的"概念史"理论，以"philosophy"这一概念为核心，探究自"philosophy"到哲学，自制度化的哲学到独创性的"日本哲学"的演绎过程。就本书而言，就是探究"philosophy"概念变化、演绎，被日本知识分子接受、转化、创生的过程，并探究变化的是什么，以及变化中的不变是什么。基于这样的研究，进一步探究"哲学"这一范畴是如何与政治、社会、文化相互交涉、彼此互动的。

其次，在于一批现代学者正在尝试采取"现代性"的视角来探索现代社会的病理与近代化的问题。站在反思的立场来研究它，也就要求近代西方哲学东渐问题的研究必须打破传统的"政治中心论"或者"制度优先论"的叙事结构，而以文化学的视角，来审视日本近代知识分子接受西学的成功与挫折、利害与得失。站在一个外部的"解构"的立场，来打破传统的叙事结构——最为关键的是日本的近代化是成功的这一先行"理念"下——的研究框架，通过"解构"，进而"建构"。近代日本哲学的研究，也需要这样的一个研究范式。由此，至少近代日本接受西方哲学是否成功这一命题的判断基准，就不仅仅局限在一个层面，尤其是政治制度层面的判断，而应该是一个模式或者一个系统性的判断基准，并以此为基准来审视日本接受西方哲学的过程。

再次，借助日本学者子安宣邦的"文化他者"观念，以近代日本哲学家为中心，阐述日本近代哲学家们界定"哲学"内涵的历程，突出一系列"重大事件"所构成的历史必然性，阐述日本认识与理解"哲学"之际所采取的东方与西方、中国与日本，以及西方与日本的"二元对立"的框架结构；尝试揭示现代日本学者重构哲学认识、塑造日本哲学的原理与方法——西方现代性的原理、"脱结构"的启蒙意识、中心·边缘的文明结构，从而厘清现代日本是如何认识"哲学"概念，"日本哲学"是如何被建构起来的问题，由此而展开理论与实践的双重反思和批评。

立足于这样的理论依据，对近代日本知识分子接受和建构"哲学"研究的视域或许可以通过描述性、批判性、规范性的维度来进一步深入下去。不过，就日本近代知识分子对"哲学"接受的研究的历史和现状而言，或许也可以借助这样的一个综合性的方法来加以归纳与阐述。所谓"描述性"，也就是叙事性地解析日本知识分子理解与把握"哲学"概念的历史文献与研究资料；所谓"批判性"，可以说是反思性地评价近代日本接受和树立"哲学"概念的"合理性"与"非合理性"。这一研究的价值绝不仅仅反映在日本近代西方哲学东渐这一领域，也将为西方学问在东方的传播与接受的研究提供一个参照体系与思维线索。

（二）研究方法

1. 历史文献法，也就是广泛地收集文献资料，尤其是第一手的文献资料，认真地加以甄别与采用，以史料作为论证的前提。具体而言，20 世纪以来，有关西周、井上哲次郎、西田几多郎的著作出版或是以全集，或是以主题，或是以题材的形式进行编撰。其中，《西周全集》（宗高书房，1960—1981 年）、《西田几多郎全集》（岩波书店，1978—1980 年）、《西田哲学——新资料与研究入门》（密涅瓦书房，1994 年）、《井上哲次郎集》（东京クレス株式会社，2003 年）等为代表的版本可以说最为客观地展现了三位哲学家的哲学创作历程。这样一批全集或者传记，对三位哲学家人生的重大事件、创作的时代背景等一系列内容进行了翔实的考证与推敲，从而为本书的研究提供了第一手资料，尤其是日趋完善的年谱，为后人的研究提供了便利，亦成为本研究重点参考的基础性资料。

2. 话语批评，即通过话语分析，由表及里地剖析日本接受、转化、创生"philosophy"的根源、本质、影响，就现代日本哲学家的"哲学"认识加以解构，探究他们构建"日本哲学"的过程，并对这一过程展开批评性的研究。

3. 逻辑思辨的方法，通过日本哲学与传统儒学、西方哲学之间的对比性研究，阐述日本哲学是如何突出自身的"哲学性"，并构建起自身的一个话语机制，赋予自己一个合法性地位的问题，并进一步站在"日本学"的立场来把握近现代日本接受或者转化西学的思维模式，树立起自我诠释、建构、创新"东亚文化"的基本方法。

三、研究意义

如何接受西方，如何把握自我，无疑是整个东方在现代化进程中至关重要的一个问题。作为高深学问的代表，日本如何接受来自西方的"philosophy"，如何将之创造性地翻译为"哲学"，并以之为媒介而树立起了"日本哲学"，这一问题不仅是日本如何接受西方哲学，进而树立起"日本哲学"的问题，同时也是日本将之相对化，突出自身的主体性，并赋予自身一种合理性与合法性的问题。在此，本书以近代日本具有代表性的哲学家——西周、井上哲次郎、西田几多郎为对象，探讨日本知识分子接受来自西方的"philosophy"，进而对之加以转化，最后构筑起"日本哲学"的历史轨迹，探究在这一过程中日本创立"日本哲学"的操作方法、确定自我"身份"的逻辑之所在。

首先，本书一直采取"外部"的视角，并站在一个"现代性"的视域来审视既有的近代日本的西方哲学东渐研究。所谓"外部"或者"现代性"的视域，概而言之，就是通过"解构"，进而"建构"的一个研究范式。法国哲学家德里达（Jacques Derrida，1930—2004）曾指出："所谓哲学的解构，也就是对于哲学的各个概念所构造起来的系谱学采取一种更为忠实、更为内在的方式，而且同时也是依据哲学所不可以形容的、不可以命名的某一外部来进行思考的活动。"[①] 在此，按照德里达的理解，乃是批判近代西方哲学的"逻各斯"（Logos）中心主义，并尝试树立一种自我创造的精神。

就近代"日本哲学"的研究而言，迄今为止的研究大多集中在日本"固有"的文化特质这一维度，而没有对其框架结构与深层内涵进行深刻的探索。即便是存在批评，也只是针对外部的制度而言，欠缺

---

① 〔法〕雅克·德里达:《多重立场》，佘碧平译，生活·读书·新知三联书店，2004年，第15页。

一个文化批评的视角。因此，本书所试图阐述的，也就是借助迄今为止的先行研究，站在一个反思与批评的立场，来审视日本近代知识分子对"哲学"接受和转换的整个过程。

其次，立足当下，挖掘现代价值，探索东亚哲学和传统文化的再生意义。一切历史皆是当代史，本书的意义与价值不仅在于过去，同时也体现在当下。比如：作为"日本独创哲学"创始人的西田几多郎在接受和转换"哲学"的过程中，针对时代和西方哲学的批判，深刻地体现了剧变时代中不变的人文精神和批判精神；其所展现出来的追求自我、探索生命、正视历史的主题，亦契合了当下的主流意识与时代精神。

因此，本书的学术理论价值具体表现为：

第一，站在"概念史"的立场，梳理两个基本过程，一个是自"philosophy"到"哲学"；一个是自"国家主义"的立场到"日本哲学"。将这两个过程加以分段考虑，探讨日本知识分子是如何采取主体性的接受态度，经历了国家主义的转化，进而创立"日本哲学"这一范畴，追溯这一过程所具有的思想史的意义。

第二，借助日本接受西方的"philosophy"，转换为国家主义的立场，进而创立"日本哲学"的历史过程，对此进行双重性的价值判断：一个是审视这样的"创造"的过程是否如实地接受了西方；一个是审视这样的过程是否真正具有了日本的独到价值。换言之，即需要采取辩证、批判的态度或者方法来看待这一过程。

第三，基于"文化互镜"的立场，借助日本树立"日本哲学"这一概念的历史与方法，探究在"百年未有之大变局""更好推动中华文化走出去"的时代语境下，中国哲学思想如何实现创造性转化和创新性发展；进而如何走向世界，与当代哲学思想形成有效的对话；中国哲学思想的世界化应该如何操作，且这样的操作具有了什么样的理论意义。

第一章　西学东渐与哲学传来

> 我们吃他们土地生长的食物，穿他们织造的布帛……我们欧洲的商人只要发现有路可通，就要到他们的国家去旅行，为什么我们却不重视对这些民族的精神的了解呢？……当您以哲学家身份去了解这个世界时，您首先把目光朝向东方，东方是一切艺术的摇篮，东方给了西方以一切。①
>
> ——伏尔泰

这是法国著名启蒙思想家、哲学家伏尔泰在《风俗论》中的一段描述。在此，伏尔泰站在世界文明论的视角，赞扬了东方的文化，认为西方应该把目光投向东方，之所以如此，即在于东方是一切艺术的摇篮，为西方提供了一切。不可否认，在这一段文字之中，伏尔泰突出了东方的文化，强调了东方内在的道德与物质的世界，从而批判了以欧洲的王族、商人为代表的、或许可以称之为唯利是图的"欧洲中心论"的文化史观。

不过在此，我们也可以认识到伏尔泰的文字之中所突出的一大前提，即一个"哲学家"的身份。哲学是什么？哲学家究竟是一群什么样的人？就此而言，我们需要就这一概念及其流变乃至前近代时期的东西方哲学交流与对话展开背景式的阐述。

---

① 〔法〕伏尔泰：《风俗论（上册）》，梁守锵译，商务印书馆，1994年，第231页。

第一节 西方哲学的流变

一提到哲学，我们首先会想到西方，与此同时便会想到希腊。正如德国哲学家黑格尔所说："一提到希腊这个名字，有教养的欧洲人，尤其是我们德国人，就会产生一种家园感。"[①] "哲学"一词最早出自希腊文的"φιλοσοφο"（拉丁化希腊字母 philosophia），也就是"philo-"（爱）和"sophia"（智慧）。因此，提起"哲学"概念，则必然会令人联想到古希腊的苏格拉底和柏拉图等人，尤其是哲学体系的确立者亚里士多德。

苏格拉底作为西方哲学奠基者，后人称他的哲学为"伦理哲学"。苏格拉底为哲学研究开创了一个新的领域，在哲学史上具有伟大的意义。亚里士多德曾评价苏格拉底的哲学："苏格拉底寻求事物的本质，即事物是什么是很自然的，因为他正在寻求推理，而本质是推理的出发点。那时尚不存在一种辩证能力可以使人们即便没有关于本质的知识也能思考对立物并探讨对立物是否属于同一门科学。可以把这两件事情公平地归于苏格拉底，即归纳论证和普遍定义。这两者都涉及科学知识的出发点。"[②]

柏拉图可谓西方客观唯心主义哲学的鼻祖。他在吸收毕达哥拉斯、赫拉克利特等哲学家思想的基础上，承袭苏格拉底探究哲学之普遍定义和绝对本质哲学的思路，建构起西方哲学史上第一个完整的哲学体系，从而确立了自己的哲学即"理念论"。黑格尔曾站在世界史的

---

① 〔德〕黑格尔:《哲学史讲演录（第 1 卷）》，贺麟译，商务印书馆，1983 年，第 157 页。
② 苗力田:《古希腊哲学》，中国人民大学出版社，1989 年，第 221 页。

立场，对柏拉图的哲学进行高度评价："柏拉图是具有世界历史意义的人物之一，他的哲学是有世界历史地位的创作之一。它从产生起直到以后各个时代，对于文化和精神的发展，曾有过极为重要的影响。"①

作为西方哲学史上百科全书式的哲学家，亚里士多德构建起了西方哲学史上的一个庞大体系，其中包含道德、美学、逻辑和科学、政治和玄学等多个领域。其树立的哲学体系，首先是自然哲学（宇宙论），就是指人类思考我们所身处以及所面对的自然界而形成的哲学思想，其探讨的核心问题是宇宙万物之本原以及生成演变的过程。其次是形而上学，亚里士多德试图通过形而上学的理论，确定万事万物的真实本质，也就是探究 "存在物" 的结构和原理。作为亚里士多德最为重要的著作，即《形而上学》，可以说是西方哲学思想中的经典著作，奠定了西方哲学思想传统的基础。再次，亚里士多德继承了苏格拉底的学问，即古希腊伦理学。这一学问是以人类的道德问题作为研究对象。在此，我们也要指出一点，即从苏格拉底、柏拉图到亚里士多德，他们所提出的逻辑、存在、实体等一系列西方哲学的经典命题，成为西方哲学的底流，且影响一直持续到了现在。

经历了漫长的中世纪，即作为不可侵犯的绝对意识形态的基督教统治之后，欧洲开始出现了文艺复兴和宗教改革运动，由此演化出了重视理性反思的欧陆哲学。笛卡尔的哲学可谓是西方哲学史上划时代的里程碑。为了开辟一条不同以往的哲学之路，笛卡尔站在批判性反思的立场，以科学的方法和理性的精神，开创了唯理论和 "形而上学"，并在 17 世纪欧洲大陆广泛传播，形成欧陆哲学的主流，为近代哲学奠定了第一块基石。正如美国著名哲学家理查德·罗蒂所评价：

---

① 〔德〕黑格尔：《哲学史讲演录（第 2 卷）》，贺麟、王太庆译，商务印书馆，1983 年，第 152 页。

"自从笛卡尔企图通过明晰的观念而保证世界的可靠性和康德企图通过先天综合真理来保证世界的可靠性以来,本体论一直为认识论所支配。"[1] 在这之后,莱布尼茨-沃尔夫体系之中的独断论、休谟的彻底的怀疑主义为 18 世纪以后法兰西哲学和德意志古典哲学的出现埋下了思想的伏笔。

18 世纪末出现的德意志古典哲学体系,标志着传统西方哲学的最高成就。其考察的重点从纯粹的形而上学转向主体与客体的关系,实现了西方哲学继亚里士多德形而上学体系之后的第二次飞跃,其代表性人物是康德和黑格尔。康德认为:"其他一切科学都不停地发展,而偏偏自命为智慧化身,人人都来求救的这门学问却老是踏步不前,这似乎有些不近情理。"[2] 他进一步指出:"一切教条主义的形而上学的衰落时刻毫无疑问已经来到。"[3] 也就是说,康德通过严格区分自在之物和现象,发展出认识论中的先验自我意识统摄机能和道德实践领域的纯粹理性,并引发沟通两者的判断力批判。黑格尔曾经对康德哲学评论道:"康德批判哲学的主要观点,即在于教人在进行探索上帝以及事物的本质等问题之前,先对认识能力本身作一番考察功夫,看人是否有达到此种知识的能力。"美国现代哲学家理查德·罗蒂亦评价:"康德设法把旧的哲学概念——形而上学是'科学的皇后'……改造成为一种'最基本的'学科的概念,即哲学是一门基础的科学。哲学的首要性不再是由于其'最高的'位置,而是由于其'基层的'位置。"[4]

---

① 〔美〕理查德·罗蒂:《哲学和自然之镜》,李幼蒸译,生活·读书·新知三联书店,1987 年,第 145 页。

② 〔德〕康德:《任何一种能够作为科学出现的未来形而上学导论》,庞景仁译,商务印书馆,1978 年,第 4 页。

③ 同上书,第 142 页。

④ 〔美〕理查德·罗蒂:《哲学和自然之镜》,李幼蒸译,生活·读书·新知三联书店,1987 年,第 116 页。

　　进入 19 世纪，黑格尔站在形而上学的立场，通过接收和评判康德的哲学思想，提出了辩证法三段论，其目的是使整个世界在绝对精神方面从自在状态过渡到自为状态，并实现绝对理性的自我意识。毫无疑问，黑格尔一方面使自亚里士多德以来的哲学家们所怀抱的让哲学成为科学的理想成为现实，并影响后世哲学思想，正如英国哲学家罗素曾评价说："19 世纪末，美国和英国大学里的一流哲学家大多是黑格尔派。在纯哲学领域之外，许多新教神学家也承认自己受过黑格尔学说的影响。"[①] 另一方面亦使得尤其是黑格尔的思想体系，作为哲学史上最后的形而上学大体系，引发了费尔巴哈和马克思的批判与反思。

　　到了 19 世纪后期，形而上学和理性主义的出现令传统西方哲学走向终结，并由此导致了向现代西方哲学的过渡。马克思"完成了对形而上学的颠倒，哲学达到了最极端的可能性，形而上学的哲学进入其终结阶段"[②]；以尼采为代表的虚无主义则侧重于人的生命意志的实现。二者的思想对于后世的现代西哲，包括现象学运动、结构主义、西方马克思主义、精神分析学等乃至后现代的哲学，产生了不可估量和无法替代的巨大启发。

　　概而言之，西方哲学的形成与发展，经历了三大时期。首先，就是以希腊为根底，经历了各个不同的领域拓展，到了集大成者的亚里士多德，则树立起了相对完整的哲学体系。其次，就是到了近代，西方哲学步入一个辉煌的时期，成为欧洲文明兴起，向全世界不断拓展的一个有效证明，以代表着人类理性、智慧的不断高扬。最后，则是到了 19 世纪末，西方哲学进入一个终结的时期，无论是马克思主义的实践，还是虚无主义的登场，皆意味着西方哲学必须走向一个外化的

---

① 〔英〕伯特兰·罗素：《西方哲学简史》，文利编译，陕西师范大学出版社，2010 年，第 376 页。

② 孙周兴选编：《海德格尔选集》，上海三联书店，1996 年，第 1244 页。

阶段，在世人感慨"哲学死了"的同时，尝试着谋求哲学的"再生"。就在这样一个语境下，西方成为东方关注的对象，哲学也成为东方效仿、反思、重塑的一个焦点。

第二节　"philosophy"传来中国

Philosophy 最早在 17 世纪初期传到东方，且是通过西方人之手得以传来。根据学者钟少华的研究，以利玛窦为代表的一批西方传教士在 16 世纪末期来到中国，为了将"费洛索非亚"介绍到中国，中西学者出版了百余部翻译和介绍西方新科学和知识的中文书籍，亦包括"philosophy"的翻译。[①] 最具有代表性的，就是以明末大儒李之藻（1565—1630）等为代表的中国文人所创立的翻译词。

《名理探》一书，就是李之藻和葡萄牙耶稣传教士傅汛际（Francois Furtado，1587—1653）合作翻译的。该书原本是 17 世纪葡萄牙高因盘利（Coimbra）大学的逻辑学讲义，主要阐述欧洲中世纪经院派所述的关于亚里士多德的概念、范畴的学说，可以说基本上代表了经院哲学的逻辑面貌。该译本共计十卷，初刻于 1631 年，可以说是中国第一部较为系统介绍西方逻辑学的学术著作。

针对"名理"这一书名，该书曾多次提道："名理乃人所赖以通贯众学之具，故须先熟此具。"针对"philosophy"一词，书中进行了这样的记载：

爱知学者，西云斐录琐费亚，乃穷理诸学之总名。译名，则

---

① 钟少华：《清末从日本传来的哲学研究》，《世界哲学》2002 年增刊。

知之嗜；译义，则言知也。古有国王问于大贤人曰：汝深于知，吾夙闻之，不知何种之学为深？对曰：余非能知也，惟爱知耳。后贤学务辟傲，故不敢用知之名，而第取爱知为名也。

……爱知学为若何？译名，则言知之爱；译义，则言探取凡物之所以然，开人洞明物理之识也。推知，凡就所以然处，推寻确义，贯彻物理，皆为爱知学之属分。①

也就是说，李之藻在此按照原意，将 philosophy 把握为“穷理”之学，乃是“言知”之学，故而依照本意，将之翻译为“爱知学”。

同一时期的西方传教士艾儒略（Giulio Aleni，1582—1649）在《西学凡》中亦记载：“一谓理科，谓之斐录所费亚。……理学者，义理之大学也，人以义理超于万物，而为万物之灵，格物穷理，则于人全，而于天近。然物之理藏在物中，如金在沙，如玉在璞，须淘之剖之，以斐录所费亚之学。”②意大利传教士高一志（Alfonso Vagnoni，1566—1640）在《修身西学》一书中，则写道：“启格物穷理之学，西庠费罗所非亚是也。学分二派，一曰性理之学；一曰义理之学。性理者，指物之内蕴而穷其妙者。”③毕方济（P. Francois Sambiasi，1582—1649）在《灵言蠡勺》中则记述：“费禄苏非亚（译言格物穷理之学）。”④或是直接标音为汉字，或是借助中国儒学体系，将之把握为性理、义理或者格物穷理之学，也就是将之设置在了中国儒学的延长线上，而不是将之作为一个独立的学问来加以看待。

综述之，西方的“philosophy”从 17 世纪传到中国，或者被直

---

① 钟少华:《清末从日本传来的哲学研究》,《世界哲学》2002 年增刊。
② 同上。
③ 同上。
④ 同上。

译为"费洛索非亚",或者解释为原意的"爱知学",或者借助儒学概念翻译为"格物穷理之学"。这一时期的中国知识分子可以说是站在东西二元结构的视角,按照东方儒学的思维框架对"哲学"予以规范,潜在地认为只有中国自身的儒学才是统一之学,而并非西方的哲学。不过,随着清朝初期实行了锁国政策,从 17 世纪初期传入的"philosophy"以及科学在历史的进程中出现了一大断裂,不再为中国人所重视。这一封闭自固的状态可谓是一直延续到了鸦片战争之后。

第三节　江户时代日本知识分子的思想转型

江户时期是国际学术界广泛关注的一个时期,西方学者对此尤为关注。针对西方学者提出的所谓"东方的停滞",英国哲学家罗素曾予以批驳,并高度评价江户时期的日本"虽然经济落后,但文化却一点也不落后"。① "一点也不落后"的根源,在于这一时期西学在日本的传播和日本知识分子对于西学的接受。这一转型产生的背景可总结为以下三点。

第一,日本江户时期从"思想启蒙"到"洋学转化"的文教政策。自 1633 年以来,德川幕府发布五次锁国政令,开始施行"锁国"政策。但是进入江户中期之后,这一政策开始出现一定程度的缓和。到了 1720 年,幕府将军德川吉宗颁布"洋书解禁令",允许天文历法、植物、航海造船等科学书籍通过翻译介绍到日本。到了 1740 年以后,幕府政府采取发展商业,鼓励农业发展,奖励学术,推崇"兰学"的

---

① ハーバート・パッシン. 日本近代化と教育: その特質の史的解明. 国弘正雄訳. サイマル出版会,1980,第 14 頁.

政策，使政府和民间对于西方学术的关心程度不断提高，一批以医学和天文学为主的西方学术书籍和科学技术被引进日本，并逐渐渗透到庶民社会，形成了江户时代中期日本接受西方学术的滥觞。

第二，西方人的"地理大发现"所引起的西学传来。在西方传教士的影响下，日本开始出版发行世界各国的地理志、地名辞典、奇谈漂流记。其中，利玛窦的《坤舆万国全图》、艾儒略的《职方外纪》、普林森的《地理学教科书》、魏源的《海国图志》等一批汉籍经典影响最为巨大。不仅如此，日本人西川如见的《增补华夷通商考》、新井白石的《采览异言》、箕作省吾的《坤舆图识》与《坤舆图识补》也相继编撰出版，构成了西方认识的一大佐证。根据日本学者的研究，这一批地理书籍之中，"亚洲"这一概念的地理记载呈现出逐渐缩小的趋势，反之，"欧洲"概念则不断地得以扩大。也就是说，日本人关注的重心逐渐地自亚洲的中国转向了欧洲世界。①

第三，最为深刻地刺激日本人的观念意识的，应该说还是基于"中国失败"这一事实的评价。一是清朝异族入主中原，外来军事征服"圣人之国""中国之国"。堂堂中国何以失败？对此，日本兵学家在《日本海防史料丛书》一书中评价指出："唐山重理法，多谋计，以持重为第一义，其军立之堂堂，然则至血战甚为迟钝。"② 也就是说，中国的"理法"和"谋计"竟不及北狄之武技。不仅如此，阳明学者熊泽蕃山亦主张日本应革除中国"文过武怠"的弊端，强调"文武两道"。二则是鸦片战争带给了日本人以"天地一变"的巨大刺激。面对"文明之母国"的战败，幕府末期思想家横井小楠（1809—1869）在其著作《国是三论》中提道："五大洲之内，亚细亚之中国乃面临东海之巨

---

① 溝口雄三、浜下武志、平石直昭、宮嶋博史編. 交錯するアジア. 東京：東京大学出版会，1993，第 224 ~ 235 頁.

② 住田正一. 日本海防史料叢書. 東京：クレス出版，1989，第 8 頁.

邦，文物开发之早，稻麦黍稷，人类生活之无所不足，乃至智巧、技艺、百货、玩好，皆取之不绝，无比丰饶。上自朝廷下至庶民，乃成自尊骄傲之风习，虽准许海外诸国朝贡贸易，往往无所求之意，又不知取他人智识之事，故中国兵力衰弱，诸州饱受凌辱也。"[1] 也就是说，作为天朝上国的中国，自尊骄傲，不启民智，故遭到了鸦片战争，乃至第二次鸦片战争的西方列强的武力侵犯。

在这一系列的国内和国际背景下，日本产生了两大思想潮流。一个是学习西方，摄取西学[2]；一个是批判儒学，突出日本。进而言之，江户时代日本学问思想的转变可以说经历了双重的变奏，一个是日本知识分子对儒学的吸收与批判；一个是 18 世纪之后蓬勃兴起的学习西学的潮流。这样一个双重的变奏，并非日本排斥儒学，转向西学的一个单一性的线性的历程。日本人建构起来的是一个"非连续性"的学问，即儒学的传来一方面成为日本吸收西学的基础，另一方面，日本人借助西学开拓了自身的视野，开始转向审视与批评儒学的立场。那么，儒学和西学究竟如何影响日本，在日本近代之前，日本接受西方哲学的历史又是如何呢？本节将予以探讨考察。

一、江户时代的儒学批判和日本本位

被誉为"日本阳明学之祖"的中江藤树（1608—1648）提倡破除朱子学的"格套"，批评"今之人为学者，惟记诵词章而已。是以吾道

---

[1] 佐藤昌介編. 日本の名著（30）佐久間象山・横井小楠. 東京：中央公論社，1984，第 221 頁.

[2] 日本江户时期"西学"这一概念，经历了三个时期，一是 16、17 世纪，以西班牙与葡萄牙为代表的"南蛮学"；二是 18 世纪以来以"荷兰"为主的"兰学"；三是 1853 年日本开国之后，以欧美先进资本主义国家为整体范畴的"洋学"。尽管称谓迥异，但就其根本内涵和学问体系而言，皆是指来自西方的学问，即"西学"。

之所寄，不越乎言语文字之间"。① 而他的弟子，作为政务家和注重实践的儒者熊泽蕃山也提倡"文武兼习"，强调"善恶邪正皆为人情之实事也，故学之者乃实学也"。对儒学的批评，最为显著地体现在了鸦片战争之后，日本江户末期著名思想家佐久间象山（1811—1864）极为关注这一亚洲乃至世界的大事件。佐久间象山指出：鸦片战争中国之所以失败，其根源之一即在于清儒的学问"多为空论，缺乏实用"，因此，他开始大力提倡"洋证技（数学）为万学之基本"。② 概而言之，日本实学派学者认为儒学发展到近代的前夜业已慢慢走向空洞化与形式化，缺乏一种求实向上的精神。

日本近世学者大多是立足于日本和自身的需求，通过对中国古典的"解释"，来反省与否定朱子学。古学派思想家荻生徂徕（1666—1728）指出："宋而后……欲求圣人之道者终不能废汉儒而它援。"③ 因此，他提倡学习先王之道，其《辨名》曰："学者谓先王之道也，先王之道在诗书礼乐，故学之方，亦诗书礼乐而已矣。是谓之四教，是谓之四术。"④ 换句话说，先王之道不过是经典所记载的文物制度，它是圣人为了治国平天下而规定的，与真正的"天地自然之道"存在天壤之别。为此，荻生徂徕著述了《论语征》，通过对朱子学的深刻反思与倡导"先王之道"，否定朱子学的根本思想，即将"道"既规定为"天地自然之道"，又规定为"人伦之道"的双重属性，将它降格为一种纯粹的实用政治知识。

---

① 中江藤樹. 藤樹先生全集藤樹規. 東京：岩波書店，1940，第 50 页.

② 〔日〕源了圆：《幕末日本通过中国对"西洋"的学习》，见严绍璗、〔日〕源了圆主编：《中日文化交流史大系（思想卷）》，浙江人民出版社，1996 年，第 385 页。

③ 吉川幸次郎、丸山真男编. 日本思想大系第 36 卷荻生徂徕. 東京：岩波書店，1985，第 490 页.

④ 熊庆年：《十七世纪至十九世纪中叶中日教育发展比较》，巴蜀书社，1999 年，第 66 页。

总之，日本近世的儒学吸收与批判，一方面确立了日本自身的学问思想，一方面将它作为批判的对象，以此作为接受西方学问的一个前提。其基本的逻辑在于，打倒了儒学，也就是"日本式"的思维，由此来寻求自身的主体性。

二、南蛮学的兴起与"哲学"传来

所谓"南蛮学"，是指葡萄牙、西班牙等西方国家传来的欧洲文明。这一批最早展开世界性殖民活动的西方国家在抵达东方之初，以东南亚国家为殖民地，处于日本之南，且是位于欧洲南部的国家，故而这一时期最早传到日本的文明被称为"南蛮文化"。

根据欧洲文献记载，1542年，葡萄牙人漂流到了日本国的一个岛屿。根据日本的文献记载，1543年，葡萄牙商人成为最早登陆日本岛屿的西方商人，以洋枪为代表的西方科学技术正式传入日本。[①]不过，这一时期南蛮文化的核心依旧是基督教，即耶稣会的传教活动。耶稣会致力于教育和社会事业，为医疗、慈善、矫正风习活动以及学校、科学、文学、美术、技艺等教化政策服务，因此将西方的学艺文化带入了日本。[②]

尽管战国时代末期的日本几乎没有什么教育设施，但是西方传教士却在九州各地、京畿地方设立了神学校、神学院、修道院，以武士和上层"町人"（商人）的子弟为对象，讲授语言学（葡萄牙语、拉丁语）、中世纪欧洲神学、哲学、文学、伦理学、法律学、数学、天文学等近代大学的学科课程。例如：1580年，耶稣会高等教育机构天主教神学院首次在丰后国府内创办，并开始了人文课程的教学。此外，英

---

① 〔日〕杉本勋编：《日本科学史》，郑彭年译，商务印书馆，1999年，第121～122页。
② 同上书，第122页。

国人三浦按针(William Adams,1564—1620)曾经得到德川家康的丰厚礼遇,向日本人传授了初步的数学、天体观测、海岸测量和火炮技术等近代科学知识。[①]

南蛮科学的传入,最为显著地体现在耶稣会的文化事业,尤其是天主教书籍的出版印刷。在这里,尤其值得一提的是,天正十九年(1591)在岛原加津佐出版印刷的《圣人传》一书,该书多次使用"ヒィロゾフィア"(philosophia、哲学)、"ヒィロゾホ"(philosoph 哲学家),并且用典故解释了"哲学"的意思。在此,尽管日本人并没有翻译"哲学家"和"哲学"的概念,而是直接使用葡萄牙语,但可以说这是日本最早使用"哲学"例文的记载。[②]不仅如此,作为耶稣会日本传教士而活跃的不干斋巴鼻(Fabiaō)于1605年撰写了《妙贞问答》一书,他站在天主教的立场,在批判神道、儒教、佛教等日本固有宗教的立场的同时,介绍了西洋哲学的梗概,提到了"第一物质""形相""植物灵魂""理性的人类灵魂"等西方经院哲学的系列范畴,"在东西思想关系史上或日本思想史上都应该给予极高的评价"。[③]

南蛮文化推崇文化教育,编撰了《拉丁文典》《拉葡日对译辞典》《日葡辞典》等系列辞书,提倡精神科学(哲学),推动天文历法的改革,并将最新的地理学、外科医学传入日本,开启了日本学习西方、学习世界的大门。但令人遗憾的是,随着1633年日本开始取缔基督教,采取禁教、禁书,施行"锁国"等一系列政策,西方教育乃至哲学的传入也就成为昙花一现。但是,对民生有利的南蛮科学技术如地

---

① 〔日〕杉本勋编:《日本科学史》,郑彭年译,商务印书馆,1999年,第122页。
② 〔日〕藤田正胜:《日本如何接受"哲学"?》,吴光辉、杨晓莉译,《日本问题研究》2012年第1期。
③ 〔日〕杉本勋编:《日本科学史》,郑彭年译,商务印书馆,1999年,第128页。

理学和南蛮外科医术等仍然顽强地生存下来，为之后"兰学"的开展提供了有力的素材，创造了条件。

三、兰学的普及与兰学家的"哲学"受容

在日本思想史上，"兰学"可谓是不可忽略的一大存在。江户时代的兰学大家大槻玄泽（1757—1827）曾评价："兰学一途，由新井白石先生草创，青木昆阳先生中兴，前野良泽先生休明，杉田壹斋先生隆盛。"[1] 所谓"兰学"，具体而言，即 17 世纪初，继葡、西两国之后，在整个锁国时代垄断日本贸易的荷兰所传入日本的学问。根据杉田玄白的回忆录《兰学事始》的记载，兰学的由来是从事翻译业的人们把从荷兰传入日本的学问看作一种新学问，并把他们的学问研究用新名"兰学"来称呼。在此，以作为"兰学"核心的代表性人物为例，来探讨兰学对日本以及日本前近代哲学接受的影响。

首先，作为"兰学"的代表性人物，新井白石（1657—1725）可谓占据了兰学始祖的地位。新井白石，名君美，号白石，自幼好读书，但是由于家境贫寒没有获得师事学者的机会。一直到 30 岁，新井白石方作为门人，求师于木下顺庵，开始学习朱子学。而后经老师推荐，成为德川纲丰（德川幕府六代将军）的文学侍臣，至七代将军德川家继时代，新井白石始终以其渊博的知识为幕府工作。1709 年，新井白石审讯过潜入日本的意大利传教士西德契（G. B. Sidotti，1668—1715），以与西德契的谈话为基本素材写成《采览异言》。作为传播洋学的先驱之作，该书客观地记述了欧洲、非洲、亚洲、南北美洲各国的地理、政治和文化，堪称日本最早系统介绍世界地理的著作。

在《采览异言》中，新井白石惊叹传教士西德契"盖此人博闻强

---

[1]　桑原武夫编. 日本的名著第 15 卷新井白石. 東京：中央公論社，1983，第 32 頁.

记，闻系彼地博学之士。至于天文地理等事，似有不可企及者"。而对于基督教，白石评价道："至于其讲经说法，则无一言近于道之处，智愚立即易地，如闻二人之言。"由此，白石下结论道："如我国已知彼地之学问，唯知精于其形与器，乃所谓形而下者，至于形而上之物，今尚未与闻。"①简言之，新井白石认为西方的学问在物理的、实理的方面是优秀的，而在精神的、道义的方面则没有什么值得一提。对此，日本学者宫川透曾评价："他把洋学从与基督教的形而上学的联系中切割下来，规定为形而下的东西，由之决定了把接受和移植洋学限定于科学技术的方向。新井白石提出的这一接受洋学的方式对后世影响极大，不久，便在佐久间象山的'东洋道德，西洋艺术（＝技术）'的思想和桥本左内的'器械艺术取于彼，仁义忠孝存于我'的用语中得以定型化。"②可以说，新井白石对后来洋学者的影响主要通过《采览异言》，通过他这种接受洋学的方式，使直接可以实证的西方医学首先被大力移植到日本，并对其后的洋学家的思想产生巨大的启发作用。

其次，作为最早成立，且在当时日本国内各种科学之中最先进的医学部门，在此，我们可以提到在医学领域对兰学的发展发挥了重要作用的两位代表性人物——前野良泽和杉田玄白，以及具有重大意义的翻译书籍《解体新书》。

前野良泽（1723—1803）名熹，号乐山，是江户地区的医官，曾拜青木昆阳为师，学习《荷兰文字略考》。杉田玄白（1733—1817）名翼，字子凤，号鹧，青年时期跟随江户幕府医官西玄哲学习医学，而后在江户日本桥开业成为町医生，明和二年（1765），杉田玄白成为

①　宫川透、荒川幾男編. 日本近代哲学史. 東京：有斐閣，1976，第 4 頁.
②　同上書，第 4 ～ 5 頁。

藩的幕府医官。对二者产生了巨大影响的，是1754年兰学医生山胁东洋（1706—1762）负责解剖被处死刑的罪人身体的重大事件。这一事件首次证实了兰书的正确性，在日本医学界引起轰动，也成为杉田玄白对传统医学产生疑问的契机。

1771年，杉田玄白、前野良泽和中川淳庵等人一起观看了小塚原刑场的死刑犯的尸体解剖过程，并带上了德国医生库尔姆（J. A. Kulmus，1687—1745）的《人体解剖图谱》（*Anatomische Tabellen*）予以现场确认。这次解剖活动证明了荷兰解剖书较之中文医术更为精确。在此，杉田玄白和前野良泽为西洋医学的实证精神所感动，根据杉田玄白的提议，二人决定开始翻译这本书。经过四年艰难的翻译，该书终于被译成，其书名的日语版翻译为《解体新书》，并于安永三年（1774）刊行。该书的翻译出版不仅对日本的兰医发展做出了贡献，而且使人们认识到洋学的卓越性。《解体新书》是看到西方医学优越性后直接从原典学习，可以说是基于对学问的自觉，从这个意义上说，真正作为西方学术研究的兰学这时开始形成。

提到与"哲学"这一范畴相关的兰学者，则不得不提起另一位作为兰学家中经世家的代表性人物渡边华山（1793—1841）。渡边不仅是一位著名政治家，更是一位深知西洋形式的洋学家。针对讴歌锁国的人，渡边华山批判指出："若不摒弃偏见，一洗旧习，就不能正确地认识世界的现状。"[①] 以此反复强调科学地认识现状的重要性。不仅如此，渡边还在《再论西洋事情书》一书中提道："至于大道（人伦之道），任何国家都今不如昔；与之不同，物理学（自然科学）则昔不如今。"因此，"物理学"正是人类文明进步的要因。西洋人不是"以一

---

① 佐藤昌介編. 日本の名著（25）渡辺崋山・高野長英. 東京: 中央公論社, 1984, 第122頁.

国为天下",而是"以天下为天下"①,具有领土扩张的倾向,其根源也在于"物理学"的进步。

在此值得关注的是,渡边华山所说的"物理学",并非单纯的科学技术,也包含创造科学技术的精神。他在介绍西方各国的社会制度和进步的教育状况的基础上,指出这"都是基于穷理精神而产生的"。因此,与前辈学者比较,在渡边华山那里,"穷理"这一概念的内涵已经被扩大了。正如渡边华山所说:"所谓穷理,我们日本人往往只把自然界作为其对象,而西方人对于人间世界的道理更为知晓",从而不是把"穷理"的对象仅仅限定于物质的自然,而是直至人事种种,"议论万事都要穷其理"。②对于渡边华山洋学观的意义,日本学者齐藤纯枝评价说:"在他的见解中,可以窥见摆脱把西洋文明限定于物质文明,把东洋文化置于精神文化优位的一种接受西方的方式,即白石以来的一个方向。"③可以说,渡边华山不仅关注西方科技的进步,而且亦关心西方社会和教育制度的发展,并开始反思和批判幕府体制。

与渡边华山不同,高野长英(1804—1850)则是以西洋医学为职业的科学家,著述了《西说医原枢要》《梦物语》《闻见漫录》等,还著述了涉及西洋医学、化学、兵学、地理学、家政学方面的译书100多卷。他在《闻见漫录》中最先介绍了西方哲学。在该书的"西洋学术之部"中,高野长英论述了自然哲学。其中,他高度评价笛卡尔作为近代理性主义创始人,"弃世人千古之学风,入实学之真理,乃此人之力也",并认为"牛顿、莱布尼茨、洛克三人是使近代实学

---

① 佐藤昌介编. 日本の名著(25)渡辺崋山・高野長英. 東京:中央公論社,1984,第135、137頁.

② 同上书,第126、154~155页。

③ 宮川透、荒川幾男編. 日本近代哲学史. 東京:有斐閣,1976,第10~11頁.

之真理彻底化，确立西方近代理性主义的哲学家"。[①] 可以说，作为日本介绍西方哲学史的先驱者，高野长英对近代日本哲学的形成具有重要的意义。

四、佐久间象山对东西学问的融合

继兰学之后，西方的学问不断涌入日本，日本开始一方面接受来自西方的英吉利学、佛兰西学、鲁西亚学等为代表的西方诸国的学问，一方面则迅速地将其与日本自身的学问加以比较，由此而将之归纳统一为所谓的"洋学"。这一时期的日本，出现了政府设立的"洋学所"（而后改称"蕃书调所"，成为开成所乃至东京大学的前身），地方也出现了以绪方洪庵的"适适斋塾"为代表的一批私塾，专门教授西洋学问。就在这样的过程之中，如何将东西学问加以融合，也就成为日本学术界、思想界最为紧迫的课题之一。

作为幕府末期最具影响力的思想家，佐久间象山开始登场。佐久间象山，字子明，号象山，曾学习儒学，且热心西学，不仅是幕末社会领导阶层——年轻武士的师长和楷模，而且是强调嫁接儒学与洋学的典型人物。那么，面对"哲学"这一来自西方的范畴，佐久间象山究竟是如何看待的呢？

首先，佐久间象山对于西学的接受，应该说是建立在对中国儒学批评的基础上，他指出："鸦片战争中国之所以失败，其根源之一即在于清儒的学问多为空论，缺乏实用。"[②] 因此，他提倡："近来西洋发明之许多学术，要皆实理，皆足以资吾圣学。而世之儒者，类皆凡夫庸

---

① 宮川透、荒川幾男編. 日本近代哲学史. 東京：有斐閣，1976，第 12 ～ 13 頁.
② 〔日〕源了圆：《幕末日本通过中国对"西洋"的学习》，见严绍璗、〔日〕源了圆主编：《中日文化交流史大系（思想卷）》，浙江人民出版社，1996 年，第 385 页。

人,不知穷理,视为别物。"① 依照他的解释,"穷理"的方法不是内省,而是注重"实测"和"实验",是根据"能归结为规则的证据",一步步地去把握世界。② 不仅如此,西学作为实学,具有了实证性的效用,带有了学术性的范畴,可以最大限度地为"圣学"服务,提供补充。不言而喻,形成这一思想的前提,也就是东西学术需要"融合"的一个思想。

其次,关于实践,佐久间象山提出了"东洋道德,西洋艺术"。具体而言,他在著作《省愆录》中,提出君子有五乐,其中第五乐是"东洋的道德,西洋的艺术(技术),两者不论粗精表里,皆详细研究,以有益于民众生活,并报答国恩"③。这既是他重视"实用性"的学问观的表现,又是他面向国际社会的文化应对方法。这样的连续性的认识,标志着以佐久间象山为代表的日本知识分子开始探讨西方的人文精神与社会观念,而不仅仅注重西方的科学技术。可以说,跨越了数个世纪,西学对于日本的影响主要集中在实用的科学技术的层面,而针对西方的思想制度与精神文化的摄取一直潜藏在江户时代日本知识分子的内心深处。换句话说,那个时代的西学的核心作用只是体现在科学技术知识的传播,而非一个完整的知识和学问体系。

在此,我们还可以列举出被称为"日本近代哲学之父"的西周在日本江户时代末期对西方哲学的初步理解。事实上,西周在留学荷兰之前,或者说在赴外途中传闻曾撰写西方哲学史的课程教案。在这一教案中,西周曾记载:"这一时期从事此学之人(贤者),皆自称ソヒスト(sophist),意为贤哲。尽管这一语意不失夸耀之意,但是,西方的

---

① 佐藤昌介编.日本思想大系(55)佐久间象山.東京:岩波書店,1975,第421頁.
② 叶渭渠主编:《日本文明》,中国社会科学出版社,1999年,第242页。
③ 佐藤昌介编.日本の名著(30)佐久間象山・横井小楠.東京:中央公論社,1984,第95頁.

苏格拉底却以谦逊的态度自称为ヒロソフル（philosopher），意为爱贤德之人，应该等同于希贤之意。"①

　　1868 年，日本的倒幕派推翻了长达 260 余年的德川幕府的统治，确立了明治天皇为代表的新政体。明治维新运动推翻了德川幕府的封建统治，建立了统一的中央集权国家。1868 年 7 月 7 日江户更名东京，9 月 8 日改元明治，翌年定都东京。对于明治维新这一历史事件，从整个世界历史的角度来看，是一个影响巨大的历史事件。可以说，近代是东方与西方真正地碰撞在一起，开始构成真正意义的"世界"这一概念的一个时代。因此，日本趋向近代化的明治维新运动，"可以视为在两种不同文化之间进行接触和交流的一个巨大实验"。② 可以说，它不仅是日本近代史的开端，同时也是日本近代西方哲学东渐的起点。由此，日本开始了跌宕起伏、变化不断的近代化历史，在明治维新的推动下，全面意义的西方哲学东渐拉开了帷幕。

---

① 〔日〕藤田正胜：《日本如何接受"哲学"？》，吴光辉、杨晓莉译，《日本问题研究》2012 年第 1 期。
② 〔日〕日本国立教育研究所编：《日本教育的现代化》，张渭城、徐禾夫等译，教育科学出版社，1980 年，第 26 页。

第二章　引导哲学启蒙的西周与作为"学问体系"的哲学

根据中国学者钟少华的研究，philosophy 这一概念传入中国可以追溯到 17 世纪初的西方传教士。这一概念自最初的"爱知学"，或者被耶稣会传教士艾儒略直接写为"费洛索非亚"，而后经西方教习翻译为"格学""性理之学""理学"，乃至经考察日本的中国知识分子认识到东京大学开设的"哲学科"，最后确定为"哲学"这一固定术语。[①] 换言之，"哲学"这一概念的确立者，并非来自中国，而是来自日本的、被誉为"日本近代哲学之父"的西周（1829—1897）。

第一节　西周接受"philosophy"前的思想轨迹

西周曾对自己少年时期的思想和求学经历做过以下评述："余少奉家庭训诲，遵行诸公指导，略闻圣贤之大道，性狂而勃然，仰慕古人之节，概与英杰之志比肩。常作大言不发，以不入乡曲，而以世俗之快者亦不少。余亦自尽世务，断绝一切饮博游之交，涵泳于经史百家者，亦有复年，然性之愚钝，奈何为偏见，尽识之不得；故于其学亦复勉，故更于其道勉，亦复喜好笃。"[②] 可以看出，西周从小便是一个特立独行之人，求学和处事不介意世人之目光。那么西周青幼年时期

---

① 钟少华：《清末从日本传来的哲学研究》，《世界哲学》2002 年增刊。

② 大久保利谦．西周全集第 1 卷．東京：宗高書房，1960，第 3 頁．

的成长经历究竟有何特点，对他后来的"**philosophy**"翻译和建构究竟
产生了什么样的影响，本节将予以梳理和考察。

一、从朱子学到徂徕学

西周生于 1829 年的石见国津和野藩（今岛根县鹿足郡津和野町）
的藩医世家，幼名经太郎，号寿仙。西周自小跟随祖父启蒙，祖父时雍
既是一位藩医，也是一位儒学者。根据《西家略谱》记载，西周"九岁
时祖父去世，他不仅有抚育之恩，亦熏陶我好学之志"。这一时期西周
接受的启蒙教育始于《孝经》，而后修习"四书"，还学习了"五经"，
并阅读了《近思录》《靖献遗言》《蒙求》《文选》等儒家经典。[①] 可以
说，西周自幼从祖父处学习儒家经典，受到其好学和博学的影响，并
立下了好学之志，亦为后来进行学问研究打下了坚实的基础。

西周正式开始学习儒学，应该说是求学于津和野藩藩校养老馆的首
任校长山口刚斋（1734—1801）之际。这一年，西周 12 岁，得以正式
入藩校养老馆，接受严格的儒学训练。养老馆创办于 1786 年，是西周的
诞生地津和野藩的藩校，该校曾培养出近代文豪森鸥外，"日本地质学之
祖"小藤文次郎，"日本近代纺织业之父"山边丈夫等有影响力的学者。

根据松岛弘在《藩校养老馆》一书的记载："作为首任校长的山口
刚斋师从素有真儒者之称的饭冈义斋（1717—1789），并与朱子学者
柴野栗山（1736—1807）和徂徕学派的服部南郭（1683—1759）等
人为挚友。其不仅精通儒学和国学，亦精通兵学，可谓是视野宏大，
学识渊博的儒者。山口刚斋包容百学，宽容耐心的办学理念一直贯彻
在养老馆数百年的教学实践之中。"[②] 由此可以说明养老馆之教育理念，

①　大久保利謙.西周全集第 3 卷.東京: 宗高書房，1981，第 723 ～ 724 頁.
②　松島弘.藩校養老館: 哲学者西周文豪森鸥外を生んだ藩校.津和野歴史シリーズ刊行
　　会，1994，第 4 頁.

视野开阔、内容丰富，这种培养方式极大开阔了西周的视野，并为其将来创立百学知识体系培养了汉学的思想基础和认知态度。

与此同时，据日本现代学者松岛弘的著作记载："到了 19 世纪 40 年代以后，养老馆除了教授儒学课程，还开始教授一批实用性的课程，如自编教材《西学入门》，教授西洋医学和微积分，而且还开设兵学等武道科课程。并且开始实施派遣优秀人才，前往大阪京都和江户等藩校进修游学的制度。西周后来得益于该制度，到大阪和冈山的藩校游学。"[1] 可以说"实学"的教育理念反映在养老馆的教育课程之中，这也对西周日后的人生轨迹和西学摄取产生巨大的影响。

这一时期，西周跟随山口刚斋学习山崎暗斋学派的朱子学，被誉为刚斋的高徒。对这一时期的学习经历，西周曾回忆道："我藩自山口刚斋先生唱关闽之学，至今人皆诵法于程朱焉。而其学实渊源于山崎暗斋先生。余大父专斋先生尝游其门，为高弟弟子。余幼赖其熏陶，少长从慎斋先生得与闻其说。自谓，程朱继不之学于遗经，得孔孟之正统，其传确乎，千古不可以易也。"[2] 可以说，此时的西周把朱子学体系视作自己的思想基础。

西周在故乡津和野藩接受的儒学教育是山崎暗斋的儒学，其继承的是中国宋代的朱子学。西周对程朱为孔孟之正统深信不疑，努力学习朱子学数年，严格按照朱子学"居敬穷理"的方法学习，通读《朱子语录》和文集。除此之外，西周还遍读"左国史汉"等先秦诸子的书籍《春秋左氏传》《国语》《史记》《汉书》。在读书的过程中，西周认为程朱的学识高于孔孟。[3]

① 松島弘. 近代日本哲学の祖——西周の生涯と思想. 東京: 文芸春秋企画出版部，2014，第 28 ~ 29 页.

② 大久保利謙. 西周全集第 1 卷. 東京: 宗高書房，1960，第 4 页.

③ 同上书，第 3 ~ 6 页.

　　但是，当西周博览群书之后，觉得并非如此。究其缘起，据其自述，18 岁时，西周偶患小疾，需卧床休息数日，其间无聊想看书，但卧看圣贤之书属不敬，于是捧起异端之书荻生徂徕的《论语征》，越看越有味，发奋连读三四遍，渐通其意。后来，西周在《述对徂徕学志向文》一文中，讲述了自己青年时期从程朱之学转向徂徕学的过程与感悟："而家固藏论语征，卧而看之岂谓不敬乎，乃取而看之，而其穷乎不可读也，乃发愤读之三四转，而其文义渐可通焉，而察其言亦如有味，于是乎始知诸家不全非，程朱不可全信然也。乃又得徂徕集读之，读未一半而十七年之大梦一旦而醒觉。顾观宋学汉宋之间，自为一大鸿沟，我身如在于莲花座上，其世界之别也，犹净土与婆娑乎。于是乎始知严毅窄迫之不如平易宽大，空理无异于日用而礼乐之可贵。人欲不可净尽，气质不可变化，道统拟血脉，居敬效禅定，穷理非学者之事，圣人不舍人情。"[①]

　　从这一段论述可以看出：首先"程朱不可全信然也"。换言之，西周认为学习的内容不只是程朱理学，还应包括其他的学问。其次，西周认为"严毅窄迫之不如平易宽大，空理无异于日用而礼乐之可贵"，也就是说，朱子学的修学方法过于严格规矩，而先王之道本应简单易懂，充满"人情"关怀。最后，"穷理非学者之事，圣人不舍人情"。西周强调：学问和修学的目的与其说是"穷理"，不如说应该尊重人性，并与社会政治制度（礼乐之道）相结合。

　　可以说，西周接触同为儒学的徂徕学后，受到极大震撼，以致全盘否定了此前所学，也就是对于过去的儒学或者说朱子学、日本儒家学说产生了巨大的怀疑。这既是西周最初思想自觉的记录，同时也是其转变学问生涯的重大契机。

---

① 　大久保利謙. 西周全集第 1 卷. 東京：宗高書房，1960，第 5 頁.

二、从徂徕学到西学

1849 年，20 岁的西周接受藩命，弃医专心修习儒学，先后在大阪的松阴塾和冈山学校游学三年。返回后，被任命为藩校培达塾的塾头。在此期间，还负责为藩主进行《孟子》的御前讲学。可以说，1853 年之前西周一心投在儒学上。

1853 年，美舰驶入日本浦贺港。以 1853 年为节点，不少幕末志士认识到仅仅靠兵学不能够解决当时的问题，而西方的社会制度、学问与教育才是日本当时需要引入的内容。于是西周也开始了学问的新探索，进入洋学领域。同年 7 月，津和野藩主为了加强沿海防御，派西周等藩士去江户。西周到达江户樱田门外新桥的藩邸，任时习堂讲释，负责讲经。而后，西周开始跟随藩邸内的医师野村春岱读荷兰文词典，西周攻读洋文始于此。通过学习西学，西周认为西方的学问是今后立身行道之本，而当一个小藩官吏，即使可忙中偷闲研究西学，却不可能精通。为了集中精力专心从事西学研究，1854 年 3 月，26 岁的西周遗书君父及同僚，毅然与津和野藩脱离关系。森鸥外曾经这样描述西周当时的心情："余今后欲立身行道，西学终不可阙。而仕小藩役于琐事，纵令偷闲以求，恐难期精通熟达。无若暂绝君父专心从事。"[①] 西周曾致信帮助他顺利脱藩的好友松冈邻次郎，表明了当时之心境："幸得了却心下甚安……暂以浪人之身游学，前路昏暗，亦露微明。……此后唯向学一途，誓当尽死力。"[②]

西周脱藩后积极学习荷兰语言，又通学于杉田成卿、手塚律藏 [③] 所办学塾学习。1855 年底，西周进入手塚学塾，开始学习英文。此年

① 森鸥外. 森鸥外全集第 3 卷. 東京: 岩波書店, 1972, 第 59 頁.
② 大久保利謙. 西周全集第 3 卷. 東京: 宗高書房, 1981, 第 609 頁.
③ 同上书, 第 92 頁。

幕府在江户九段坂下设立"藩书调所"。1860 年，经人调解，西周受幕府之聘，为藩书调所下等助教。在调所中，西周接触到西方更多的自然科学与社会科学知识，开始对西方社会科学越来越倾注关心。自此西周由兰学而进至洋学，其命运也因此发生戏剧般变化，可以说是学问的第二次飞跃。

1862 年，西周受幕府派遣留学荷兰。出发前，西周致信好友松冈邻次郎，吐露自身对西学之抱负，西周认为："西方之'性理之学''经济学'乃公平正大之论，较之所学汉土学说截然不同，汉学说性命之理轶于程朱，西学本于公道自然之道确立经济之大本，其功实胜于王政；美英之制度文物实超乎尧舜官天下，周召制典型，故由斯道而行新政，国何不富，兵何不强，人民何不聊生，祺福何不可求，学术百技何不尽精微。"[①] 西周强调西学"公平正大之论，较之所学汉土学说截然不同"，"美英之制度文物实超乎尧舜官天下"，也就是说，由重视徂徕学摆脱儒学之"空理"，寻求实学之精神态度，开始转向参与现实政治制度。与此同时，他已不再止步于精神层面，认为"性理之学"还须"公平正大"。换句话说，西周在完成人生的第二次飞跃后不久，又将通过留学之路，开始人生和学问的另一次飞跃。

三、从西学到孔德实证主义

西周和津田真道（1829—1903）等德川幕府政府派遣的留学生一行于 1862 年 7 月 14 日乘军舰"咸临丸"离开品川，绕好望角，翌年 4 月到达荷兰，住莱顿。

西周在给导师莱顿大学维塞林（Simon Vissering，1818—1888）博士的信中曾说明自己的留学意图，说："为与列强交往并改善国内政治法

---

① 大久保利謙. 西周全集第 1 卷. 東京：宗高書房，1960，第 8 頁.

制所必需的、且在我国尚不知晓的统计学、法学、经济学、政治学等诸多有用之学科……进而还要了解叫作哲学之学问。不过，通过笛卡尔、黑格尔、康德之教义，知悉其与我国法律不承认的宗教思想为不同之物，学习它亦非常困难。但是，考虑到它对我国文化会有贡献，我想从该学问学习一些东西。”① 由此可见，西周在留学前通过阅读西文著作，已经对“philosophy”有了一定的了解，并且开始使用“哲学”这一术语予以表记。经荷兰莱顿大学的日本学教授霍夫曼介绍，西周就学于莱顿大学法学博士维塞林，学习“五科”（社会科学），内容是“第一论性法，是为百法之根源也。第二至第三论万国公法，并国法，是权推广性法，外以律万国之交际，内以纪国家之治理也。而后第四论经济学，是富国安民之术，而论其道如何也。而终之以第五论政表学，是察一国之情状如何，而致其详密之术也”。② 维塞林是当时荷兰著名的法学家，也是有影响的实证主义哲学家。他的实证主义和自由主义思想，对西周影响甚大。

在荷兰留学期间，他不仅学习各种实用性学科，而且认真学习哲学。其间，西周还阅读了当时荷兰哲学界大家奥普周默尔的著作和讲义。奥氏推崇穆勒、孔德的功利主义、实证主义哲学，成为风靡荷兰学术界的主潮流。可以说，实证主义亦成为西周后来理论活动的基石。

1865 年 12 月，西周与津田真道一起起航回国，并于 1866 年 2 月回到日本。一年后，西周致信好友松冈邻，总结留学的收获和心得时称：“遍考彼洲内政治概要及百学情状，实有攘夷家嫌忌之者。然其政治之公大、凡百学术之精致、利用厚生之道广开，盛美之极实东西千古未之有矣。”③ 从中可知，西周认为“遍考彼洲内政治概要及百学情状”，深感留学抱负已经实现，回国后将开始其学术和哲学研究的实践活动。

---

① 小泉仰. 西周と欧米思想との出会い. 東京：三嶺書房，1989，第 43～44 頁.
② 大久保利謙. 西周全集第 2 卷. 東京：宗高書房，1961，第 139 頁.
③ 大久保利謙. 西周全集第 3 卷. 東京：宗高書房，1981，第 626 頁.

第二节　西周对"philosophy"的认识与接受

一、西周翻译"philosophy"的三个阶段

"哲学"一词翻译的确立过程，反映出西周自儒学向西方学术转向的一个过程，大致可以分成三个阶段。

首先，1862年留学之前，西周在致好友松冈邻次郎的信函中，采用日语记录外来词汇的方式，使用片假名将西方的 philosophy（哲学）译为"ヒロソヒ"，并提出："近来我得以窥视西方性理学、经济学等学问之一端，实为惊叹其乃公平正大之论，与以往所学汉说存在大相径庭之处。尤其是西方耶稣教，虽为如今西方普遍信仰之宗教，与初期的佛教思想一样令我倍感卑陋之极，毫无可取之处。惟有其所言ヒロソヒ之学，它论述性命之理超过程朱，是本于公顺自然之道，建经济之大本的学问，胜过王政，超过尧舜汉周之典制。"[①] 在此，西周通过遍历西方学问，初步感受到各个学问的不同。而且，西周对东西方的宗教，即耶稣教和佛教倍感轻视；通过对比，西周自觉西方的"ヒロソヒ之学"在性理方面（即学问方面）已经超越程朱理学，由此可见，西周延续了过去对朱子学的批判态度，转向西学，且尤为关注"ヒロソヒ之学"，即哲学。

这一时期，西周还使用了"希哲学"这一概念，即在为津田真道《性理论》撰写的跋文中，西周提道："西土之学，传之既百年余，至格物、舍密、地理、器械（即物理、化学、地理、机械）等诸学科，间有窥其室者，独至吾希哲学（ヒロソヒ）一科，则未见其人矣。遂使

---

① 大久保利謙.西周全集第 1 卷.東京：宗高書房，1960，第 8 頁.

世人谓西人论气则备，论理未矣。独自我友天外（津田真道号'天外'）如来始。"①"希哲学"的译语源自北宋周敦颐的"圣希天，贤希圣，士希贤"（《太极图说通书·志学第十》），表示希求贤臣之意。也就是说，西周在此采取了以"汉学"观念来诠释西方 philosophy 的方法。

在朱子学的范畴下，穷通万物之知的"一理"，与之形成一体化的时候，就会诞生作为绝对主体的"圣人"。换言之，不管如何困难，理想上不管是谁皆可以成为"圣人"。"圣希天，贤希圣，士希贤"就蕴含着这样的理想。与之不同，日本的古学派认为，圣人乃是特殊的、超越性的存在，普通人不可能成为徂徕所谓的"先王"或者仁斋所谓的"孔子"，最大限度就是成为"贤人"或者"贤哲"。对于西周而言，"哲学"始终是"希贤哲"的学问，而绝不可能是圣人之学（理学）。②可以说，这个时期西周对"理"以及与之相关的"圣人"的理解方式，对他诠释和把握"哲学"这一概念起到了决定性的作用。

中国学者林美茂亦指出西周在翻译 philosophy 一词的过程中，"由于没有认识到西方哲学传统中对'知'的形而上学的独特追求"，且没有发现"贤"与古希腊 philosophy 中所追求的"智慧"（真知）根本不同，使得他"只能在'理学'的框架内对二者进行对应性说明，从而出现理解上的偏差和误读"。同时，西周在接受并引进 philosophy 这一概念时，是通过"西方近代实证主义和功利主义的经验论哲学……即不能从哲学最本质的'知'的独特性来把握 philosophy，而只能从其自身的汉学素养出发"，只能从其坚实的汉学、儒学底蕴中寻找"希贤""求圣"等与 philosophy 相对应。③

① 大久保利謙. 西周全集第 1 卷. 東京：宗高書房，1960，第 13 頁.
② 菅原光. 西周の政治思想. 東京：ぺりかん社，2009，第 199 頁.
③ 林美茂：《"哲学"抑或"理学"？——西周对 Philosophy 的误读及其理论困境》，《哲学研究》2012 年第 12 期。

不过，1870 年之后，西周在《开题门》中指出："东土谓之为儒，西洲谓之为斐卤苏比，皆明天道，而立人极，其实一也。"① 而且，在 1870 年开始《百学连环》的教学之际，西周一方面提到"哲学在东洲称之为儒学"②，一方面却强调"哲学"乃是不同于儒学的、西方自身的学问，指出日本"尚无可称之为哲学的存在，即便是中国（汉），也无法与西方相比"。③ 即日本不存在"哲学"，中国的学问亦无法与"哲学"相比，因此需要将二者加以区分开来。不过，这一时期的西周不仅开始使用"哲学"，同时也提到"亦可从事希贤学"。④ 换言之，西周这一时期并不曾区别儒学、理学、希哲学、斐卤苏比、哲学一类的称谓，而是基本上采取了"混同"的方式进行诠释。

1874 年，《百一新论》公开出版，正式将"哲学"公之于众。一直到晚年，西周基本上延续了"哲学"这一概念，尤其是在最后未完成的著作《生性发蕴》中，西周围绕"哲学"这一概念突出了两大问题：首先，"古代希腊国诸贤哲之间自古就有哲学相传，而伪学家则称五官悉是欺人，万有皆不可知。于是，著名的所哥罗埕斯（苏格拉底）驳斥之，认为知不可知亦是知也。性理致知，遂为道破，哲学得以再兴"⑤，提出哲学的根本在于"知"的问题。其次，针对哲学的内涵，西周提道："英国的フィロソフィ、法国的フィロソフィー、希腊的爱フィロ者，是从ソフォス贤之意传下来的。根据爱贤者之意称之为フィロソフィ，也就是周茂叔所谓的'士希贤'之内涵，后世沿袭使用而成言'理'之学。尽管可以采取直译的方式将之翻译为理学、理论之类，但是为了不

---

① 大久保利謙. 西周全集第 1 卷. 東京：宗高書房，1960，第 21 頁.

② 大久保利謙. 西周全集第 4 卷. 東京：宗高書房，1981，第 169 頁.

③ 同上书，第 181 页。

④ 大久保利謙. 西周全集第 1 卷. 東京：宗高書房，1960，第 21 頁.

⑤ 同上书，第 30 页。

至于引起诸多混淆,故而今翻译为哲学,与东洲之儒学一分为二。"① 也就是说,西周尽管承认直译为"理学""理论"比较合适,但是也认识到这样会导致意义的混淆,故而以示区别地选择了"哲学"这一概念。

西周在这里采取了"区别于儒学"的方式来接受哲学,避免二者的"混同",这也就是西周的最后定见。为什么要加以区别,为什么要避免"混同",究其根源,则在于西周对儒学的批判。正如日本京都大学教授藤田正胜在《日本如何接受"哲学"?》这篇论文中指出的,西周认识到中国儒者的最大问题在于"泥古",始终遵循经典,以祖述学说为真理,不求变革,因循僵化。不过,西周亦深入西方哲学内部,指出西方哲学的"理性主义"与中国的宋学大同小异,但是经西方学者孔德首倡实证主义之后,西方哲学尤为注重研究学问、发现真理的方法,反对"空理",突出"实理",由此西学与宋学之间开始出现天壤之别。但是,藤田教授同时指出,西周否定"儒学"并不是要抛弃儒学,而是期待对中国学问施加手术,开启智慧,则"必然开化,足以与西方一较高下"。② 这一解读,应该说抛开了单纯化的"接受哲学、抛弃儒学"的思维方式,同时也是站在一个历史文献的实证主义立场,否定了"以哲学取代儒学"的基本论调。

西周的这一认识尽管具备了合理性,但是依旧无法解决一个根本的问题,也就是无论是将哲学与儒学区别开来,还是借助哲学来"开化"儒学,皆反映出哲学具有了"权威性"的地位,且带有了普遍性的意义。那么,明治时代的日本思想家是否就只是停留在了这样的一个认识?由此,藤田教授关注到第二个人物,也就是将哲学作为"理学"来把握的中江兆民(1847—1901)。

---

① 大久保利谦.西周全集第 1 卷.東京:宗高書房,1960,第 31 頁.
② 大久保利谦.西周全集第 4 卷.東京:宗高書房,1981,第 82 頁.

中江兆民的问题，正如藤田教授所指出的："到了明治二十年前后，'哲学'这一概念也已成为'普通词语'。那么，为什么中江兆民却还一直使用'理学'这一翻译语？"①之所以如此，藤田教授指出，中江不曾利用"虚学／实学"的二分法框架将东西方的思想严格区分开来，而是认为要站在它们各自不同的立场，将之视为"为了学问的发展"而应该做出贡献的思想资源来加以对待；其次，关注西方思想，亦并不是一味地接受它，而是要关注到贯穿东方思想与西方思想——这样的西方思想，既是作为特殊而存在，同时也带有了普遍性——的共同的"根底"，绝不可以采取排斥一方的态度。换言之，中江兆民认为东方与西方各占千秋，绝不可以将一方绝对化。对此，藤田指出：就抱着这样的思想观念的中江兆民而言，"完全没有考虑'与他者混淆'的必要，进而言之，也就完全没有创造出'哲学'这一新的术语的必要性"。②

总之，西周确立"哲学"这一概念的过程存在着至少三个时期的划分，第一个时期，以ヒロソヒ之学或者"希哲学"来表述；第二个时期，以"斐卤苏比"或者"哲学"，也就是基于"汉学"传统来表述；第三个时期，采取了"哲学"的表述，并将之与"儒学""理学""理论""究理学""玄学""知识学""求圣学"③一类的既有概念相区别，确立了一个新的概念。

那么，对于"philosophy"的翻译，应该如何审视与评价？首先，通过翻译与确立"哲学"这一概念，西周的最大成果可以说在于突出了东方的"空理"与西方的"实理"，由此也引导出"实学"的研究。

---

① 〔日〕藤田正胜：《日本如何接受"哲学"？》，吴光辉、杨晓莉译，《日本问题研究》
　　2012 年第 1 期。
② 同上。
③ 同上。

众所周知，日本学者在论述这一问题之际，借鉴西周的 "实理" "空理" 的思想，构建起了日本 "实学" 的谱系。

其次，西周接触到了欧洲的实证主义哲学，且站在这一立场来思考西方的 philosophy。就西周而言，"西方近代自笛卡尔到黑格尔的合理主义哲学或者观念论哲学，被称之为 nationalism（民主主义、国家主义），（东方的）宋学可以与之并列"。[①] 但是 "穆勒之名冠盖一时，唯此学之兴，时日尚浅，故若是张扬规模，详悉节目，以致其盛，其任将在后人"。[②] 也就是说，西周认为穆勒提出的 "归纳" 的研究方法，将会为 "新儒学" 的开启提供巨大的理论指导。但是，这样的一切叙述，皆不过是西方实证主义、功利主义的经验论立场的延续。

最后，西周翻译和创立 "哲学" 这一概念，不仅为东方提供了一个体系化的、科学化的学问模式或者知识体系，为近代东方的学科体制带来深远的影响，同时也带有 "世界性" 的寓意——"世界" 既然是一个东西方相互接触、相互冲突所构成的整体的世界，那么带有普遍意义的、科学性的 "哲学" 也就是我们认识与研究它的唯一方法，至少我们可以确认一点，即 "哲学" 的出现使我们对东西方文明的接触与冲突不再是一种片面的、表象化的诠释，而是意识到必须采取一个理性的、创造性的方式去认识它。[③]

二、西周的 "理学" 观与儒学批判

根据上节所述，西周在翻译 "philosophy" 的过程中，曾尝试使

---

① 〔日〕藤田正胜：《日本如何接受 "哲学"？》，吴光辉、杨晓莉译，《日本问题研究》2012 年第 1 期。

② 大久保利謙. 西周全集第 1 卷. 東京：宗高書房，1960，第 20 页.

③ 陈晓隽、吴光辉：《"Philosophy" 翻译的学际诠释与境位反思》，《学术月刊》2016 年第 3 期。

用"理学""性理学"等儒学概念来对译,但是,最终为何没有继续使用"理学"来定译?在此,本书认为需要围绕儒学的"理学"与西周思索的"哲学"之间的差异性这一焦点问题来展开考察。

我们先来考察幕末和明治初期的儒学批判的背景。从幕末开始,日本各个阶层的知识分子试图从不同角度,解构以"理"和"天理人欲"为核心理论的学问和国际关系秩序,企图在思想和意识形态方面诠释并建构起日本在东亚的话语权和学术体系的主体性。幕府末期以来的儒学批判与重新认识的思潮,尤为侧重在了它的教学体制的官学化与教学内容的空洞化。

第一,就教学体制的官学化而言,因为朱子学掌控了教育体制,所以出现了学问的单一化与缺乏公平性的危机,而且还束缚人的自由思想。由此,破除朱子学的"格套",否定朱子学的"正统地位",也就成了江户时代以来直至幕府末期的知识分子的一个革新主题。

第二,就教学内容的空洞化而言,以儒学为中心学科,尤为注重道德修养。对此,一批教育家大力提倡实学,要求破除"空谈理论"的弊习。幕府末期教育家广濑淡窗提到,儒者"不为国政,不为功立业,徒然从事于作诗诵说",缺乏实务之精神。他认为,学校的首要任务在于教育人才,教授"有用之学"。[①] 鸦片战争之后,日本学者佐久间象山评述中国之所以失败的时候,也警示日本的儒学者从事学问之际,勿要"多为空论,缺乏实用"。总之,日本的儒学教育到了幕府末期,陷入了"作诗诵说"的文字游戏之中,缺乏一种合乎时宜、求实向上的实学精神。因此,提倡实用之学、经世济用之学,也就成了幕府末期的一大潮流。

---

① 顾明远、梁忠义主编:《世界教育大系:日本教育》,吉林教育出版社,2000 年,第 187 页。

第三，就研究方法而言，开始反省传统的研究方法，即历史考证的方法，探索新的学问方法的一个内涵。作为强调嫁接儒学与洋学的代表人物，洋学者佐久间象山曾经提道："近来西洋发明之许多学术，要皆实理，皆足以资吾圣学。"依照象山的解释，"穷理"的方法不是内省，而是注重"实测"和"实验"，是根据"能归结为规则的证据"，一步步地去把握世界。[①] 这一带有近代科学意义的"穷理"之法，而后为明治思想家福泽谕吉（1835—1901）进一步阐发。1868 年，福泽谕吉发表了《训蒙穷理图解》，"穷理"之法成为那一时代流行的教育方法。

总之，幕府末期以来的儒学批判，不仅涉及儒学的教学体制、教学内容，也涉及学术研究之方法。幕府末期以来的儒学批判与重新认识的思潮，则为日本的近代思想打开了一条扬弃传统、走向西方化的道路。

明治时期的启蒙思想家西周可谓是一位"从儒学转向西学"的代表性人物。笔者选取西周著作中最具有代表性的针对儒学批评的文章《百一新论》《复某氏书》《生性发蕴》《理之字之说》等四篇文本进行分析，以考察他对儒学"理"的理解和诠释。

西周于 1867 年撰写《百一新论》，并于 1874 年公开出版，并正式将"哲学"的译词公之于众。可以说，它既是日本近代最早介绍哲学的论文，同时也是最先开始对儒教进行批判的文章。[②]

在《百一新论》中，西周先是用二分法将儒教思想加以区别："将孔孟之学一分为二，其一始于对三代以来二十二代典章文物律令格式之讲究，另一则专以孔孟为祖只从道德仁义而讲究攻心之法。若积世

---

① 叶渭渠主编:《日本文明》，中国社会科学出版社，1999 年，第 242 页。

② 大久保利謙. 日本启蒙思想集: 西周卷解题. 東京: 筑摩書房，1967，第 44 頁.

立定论、诚四千年前文化既开之国事非不及彼希腊罗马。"① 关于"儒教"中"理"的问题，西周在此文中提出了"物理"与"心理"两个概念，"物理之理"对应的是"アプリオリ"，是"天然自然之理，大到宇宙天体，小到一滴水一撮土，乃至任何有生命的东西，无不具备此理，而不能外乎此理，如果违背这个理就会一事无成。此理为先天的，独一无二的"。② "心理"对应的是"アポステリオリ"，即"后天之心理"。西周称"此理为后天的，不一定无二的，但因为心理是后天的，而认为完全为人所造，亦非如此。因为后天还是天"。③ 在此，正如藤田正胜所指出的那样，"与那一时代开始关注哲学的大多数人一样，西周也借助儒学的各个概念来作为理解哲学的支撑点"。④ 同时，可以看出，西周还从实证的原则来区分"物理"和"心理"，但是这样来区分理，肯定"物理之理"是"先天的""一定无二的"，也就是说独立于意识的客观存在。同时又肯定"心理之理"是"后天的"，被支配的，但也不是人们任意制造的，是客观存在的反映（"后天还是天"）。文章最后谈及"教"与"物理"的关系问题时，认为应该最终将心理与物理进行统一，归在了"ヒロソヒ"之名下，并首次将其译为"哲学"，提出百教一致。

《复某氏书》是西周给当时一位国学者的回信，被认为是针对国学家大国隆正（1793—1871）及其弟子的批判。⑤ 西周在文中表达了自己对国学、儒学和西学的明确态度，认为三者各有其长，亦各有所短，不要偏于其中一派，应广泛汲取各种学问。在谈到儒学时，西周指出，

---

① 大久保利谦.西周全集第 1 卷.東京：宗高書房，1960，第 276 頁.

② 同上书，第 277 ～ 278 頁。

③ 同上书，第 278 頁。

④ 〔日〕藤田正胜：《日本如何接受"哲学"？》，吴光辉、杨晓莉译，《日本问题研究》2012 年第 1 期。

⑤ 大久保利谦.西周全集第 1 卷.東京：宗高書房，1960，第 638 頁.

儒学中存在着一些后儒（如大国隆正）对孔孟学说在理解上的误读，指出孔孟之说中"人人当行之事实所立之道"是不应批评的，"唯其涉及形气家之理往往出自妄想，禹之洪范五行之说素不足取，易之谓阴阳观天地之理颇得要，唯其四象以下专由虚数不可取"，又将儒学之中实践伦理部分与自然哲学中不合理的"虚"的部分区别开来，并且西周认为："大概孔孟之道与西洲之哲学相比大同小异，犹如东西彼此不相因袭而彼此相符合。"①

西周在《生性发蕴》中通过与西方哲学史相比较，指出儒学的发展进步也是"其初必夫仰观天象，俯察地法"，即"尧舜以来观察上的彼观"发展到对于"主己之心"的"性理"的思考，即"至孔子一变，转而至仁智之说"。② 而且，正如前面提到的，西周在《生性发蕴》一文中提到后人将 philosophy 解释为"言理之学"，虽然也可以直接翻译为"理学"，但是为了不引起混淆，尤其是为了与"东洲之儒学"③ 区别开来，自己才采取了"哲学"这一译语，这亦可以说是西周的最后定见。

1888 年，西周曾通过一场题为"理之字之说"的演讲④，概括性地阐述了自身对于"理"的思索，这篇演讲可以说是西周对"理"的理解的总结。根据西周的阐述，"理之字取于玉之纹理，即玉石上的纹路。改字由象形和会意两种造字法所成，玉之字原为象形字，里之字也为象形字，此二象形字结合会意表示玉中纹理。引申为事物所具有的道理，即可借用来表示'道'的含义"。⑤ 但是，西周认为作为"形

---

① 大久保利謙. 西周全集第 1 卷. 東京：宗高書房，1960，第 302～305 頁.

② 同上书，第 38～39 页。

③ 同上书，第 8 页。

④ 同上书，第 598～602 页。

⑤ 同上书，第 598 页。

而上学"这一概念的出处——《易经》却并没有突出"理"。一直到宋学的时代，"理"才作为对抗禅宗"空理"的概念而被一元性地、普遍化地加以树立起来。因此，在宋学的范畴下，"理"乃是一切事物的善的秩序原理，同一之理不仅贯穿于物，亦贯穿于人心（性），由此人之心性原本为"理"、为"善"。这一"性即理"进而"性即善"，就是以朱子为集大成的"性理学"的两大公理。但是，在西周看来，最初呈现出来的不是"理"，而是"气"。西周强调："窃以为，称之为气质之禀者既为一定，此即为后来应万般事之主宰、指定其方向者也，此外别无所谓理者，而无所存也。"①换句话说，西周认为万物之"主宰"乃是"气质"或者"气禀"，而且，西周认为，"气"促成了万物的生成变化，故而也就站在了"气一元论"的立场。"理"则与之不同："盖所谓理者，乃为虚体，其气禀性质一定，则随应之事物而呈现为关系，且唯有察人心之关系者方可观之。凡万事万物若是两性相对，则此际无不生理，犹如火之对于水，木之对于金，子之对于父，妇之对于夫，中间必有一定之理，即关系无处不在。"②也就是说，西周认为，事物并不是单独存在，事物的恒定的气质应对其他事物之际会呈现出一定的"关系"。这样的"关系"经过"人心"的观察，由此而衍生出了"理"。基于这一思索，西周得出了这样的结论："宋儒诸贤哲所谓之性即理也，以理无不善，有不善则气禀不齐之故也，莫不颇类之于强说。盖理者虚体也，唯存于两性相逢之际之关系，而其关系尤应为人心发现之，且不唯人者，其至于琐屑端绪，虽禽兽亦有凭借经验而知觉之智能。"③总之，西周认为，所谓"理"就是主观性地把握"关系"，因此乃是"虚体"。而且，这样的"理"的把握，带有"知觉"

---

① 　大久保利謙. 西周全集第 1 卷. 東京：宗高書房，1960，第 600 頁.
② 　同上。
③ 　同上。

与"智能"。可以说，西周通过与朱子学的对抗，树立了"理"的把握方式。

概而述之，西周从实证主义立场出发，提出用科学统一与分类的观点，在肯定儒学中的"理"的基础上，以西方新的合理的精神加以改造，目的是使儒学中的"空理"变成实理。

第三节　西周学科体系"哲学化"建构的尝试

西周在荷兰学习了如此重要的"哲学"学问后，到底能够建构起什么样的体系？本节通过考察西周开设"百学连环"的系列讲座和在明六社杂志撰写文章《知说》，来进行思想启蒙并系统介绍西方知识体系等哲学活动，以此来探讨西周尝试建构作为"学科体系"的哲学的意义。

一、西周与《百学连环》

《百学连环》是西周于 1870 年 9 月开始在新政府兵部省翻译局奉职后，在私塾育英舍授课的讲义。

1870 年，西周在私塾育英舍作题为"百学连环"的讲座，开始系统地介绍西方的知识体系。在讲座中，西周首次对西方的学术体系做了系统的介绍，其弟子永见裕（饶香）详细记录了讲座的内容，收录到《西周全集（第 4 卷）》的《百学连环》即是根据课堂笔记整理而成。

在《百学连环》的"总论"中，西周论述了"学"与"术"的意义及区别。此外，西周还重点介绍了学术的方法，并特别提到了穆勒的逻辑学和归纳法、演绎法，将穆勒的逻辑学译为"新致知学"。结尾处，西周说：《百学连环》由"学"与"术"二编相连而成，前编为学，即普通之学，唯与"学"密切相关不可分离之"术"亦并行讲解；后编为术，即殊别之学，心理、物理与之相关，故讲解尤详。西周在《百学连环》中所讲述的西方科学体系可整理如表2-1。

表2-1 西周的"百学连环"式的学问体系

类 别		学 科
普通学 （common science）		历史学（history） 地理学（geography） 文章学（literature） 数学（mathematics）
殊别学 （particular science）	心理上学 （intellectual science）	神理学（theology） 哲学（philosophy） 政事学（法学 politics science of law） 制产学（political economy） 计志学（statistics）
	物理上学 （physical science）	格物学（physics） 天文学（astronomy） 化学（chemistry） 造化史（natural history）

资料来源：〔日〕高坂史朗：《从儒学到哲学》，见卞崇道、〔日〕藤田正胜、〔日〕高坂史朗主编：《中日共同研究：东亚近代哲学的意义》，沈阳出版社，2002年，第68页。

"百学连环"从1870年开始讲授，每周4—5次，是西周第一次系统地向日本介绍西方学术体系的尝试。但是由于听者受众范围不大，讲稿当时也未能整理出版，影响亦不大。据说直到1930年，西周的亲属才发现当年听讲者留下的课堂笔记，经整理后方公开出版。

从内容和方法上看，西周所谓的"百学连环"，就是"哲学化"的内涵。西周通过这种内部勾连的方法，脱离了以往中国传统的经、史、子、集的分类研究，站在了多样化的领域把握一个观念或者事象。不仅兼顾到了点与线，还呈现为一个平面化，可以说树立起一个立体化的思维样式。尽管西周主要模仿和翻译了孔德的学科分类的方式，但是，在刚刚接受文明开化的明治维新初期，对日本当时的学术形态无疑具有启蒙式的影响。

二、西周与《知说》

从 1873 年开始，西周将《百学连环》的"总论"部分改写后，以《知说》为题，分五次连载于明治初期的日本学术团体明六社的官方杂志《明六杂志》上，总计不足 1 万字。在《知说》中，西周讨论了人类知识的结构，人的知识作为学术的体系如何和社会生活发生关联，产生影响等问题。其中，在《知说三》中，西周指出：

> 四大洲自古以来并非没有学术，但比起今日之欧洲，不啻天壤之别！盖其所谓学术之盛，不是一学一术尽其精微，极其蕴奥，而是"群学诸术"以"结构组织"之形态集为大成。这种情况亘古未有，19 世纪之现在才开始出现。①

接着西周再次对"学术"二字进行了意义阐述：

> "学"只根植于智性，属于"观门"，即观察真理、进行思索的部门；"术"遵循已知之理而为，属于"行门"，即进行实践的部门。二者的次第为"学"先"术"后。以人身为例试区别之，则，司视、听、嗅、味等五官者均属智，获取外部信息，传达于

---

① 山室信一、中野目徹校注. 明六雑誌（下）. 東京：岩波書店，2009，第 202 頁.

智。手足与语言诸官，均属意，奉体内命令传达、施行于外。故如不获取外部信息则无法执行内部命令。以此判别学与术，更易晓其理。然据其本义探讨学与术，则应知，学之要谛在于知真理。真理者，一物一事必有其一。①

西周还指出："学"的根本在于考察研究（investigation），而其方法有数种，西洋晚近的方法有三，曰视察（observation，《百学连环》中为"实验"），曰经验（experience，《百学连环》中为"试验"），曰试验（proof）。三者之中，虽因时因物有不用"试验"之法的情况，但如无前两者，则考察研究，即"学"亦无从谈起。②而在《知说四》中，西周进一步强调：当前学术研究中，最重要的研究方法为演绎（deduction）与归纳（induction）。接着，西周做了如下阐述：

　　将事实归纳成一贯之真理，又将此真理按照前后次第演示成一模范者，谓之"学"（science）。真理因学既已明白了然时，活用之，以利人类万般事物者，谓之"术"。故"学"之旨趣唯在于讲求真理，而不可论究其真理于人类有何利害得失。"术"则根据真理而活用之，使吾人避害就利、背失向得者是也。……故"学"于人性常能开其智，"术"于人性善能增其能。
　　然"学"与"术"虽如此旨趣迥异，至于所谓科学，有两者相混，不可判然其区别者。譬如化学（chemistry），虽然，分解法之化学（analytical chemistry，今译分析化学，译者注）可称之

---

① 山室信一、中野目徹校注. 明六雑誌（下）. 東京：岩波書店，2009，第 203 頁.
② 同上书，第 204 ～ 205 页。

为 "学"，总汇法之化学（synthetical chemistry，今译合成化学，译者注）可称之为 "术"，亦有不可判然相区分之处。①

西周在《知说五》中说："百学之中，可称为'普通之学'的是文、数、史、地四学。此四学并不专属心理、物理二学，反而是记录解释此二学的工具。但是其中文、数遵循心理之学，而史地虽兼有心理地理二学之性质，毕竟不若分属普通之学简约。……至于本篇所举诗学与语原学，原为殊别学之学科，不应插入普通之学，但由于与语言学、文学相关，暂归类于此。"②

学术最终目的在于探求真理，而作为探求真理的 "方略"《百学连环》总论所关注者为穆勒发明的 "新致知学之一法"（a method of the new logic）。学术有 "演绎、归纳" 二法，但古来主流为演绎之学。然而通过演绎所获认识并非 "发自五官" 而是 "仅凭我知其善而推断" 之方法，容易落入陷阱。但归纳法乃 "悉就其事自小处由外向内集中真理" 故可做到 "无论何事，集其众多而知其中真理"，"西洋亦自古皆演绎之学，近来则全为归纳之法无例外"。③ 在此，日本学者小泉仰指出，西周所倡归纳法乃培根式单纯列举一致法，至于穆勒之差异法等，西周很可能不太了解。④

新哲学贡献于学术发展乃因其方法。德国哲学家从笛卡尔 "取一理而演绎推论（analysis）之法"，奉行 "概念之说"；而英国哲学家则受培根遗风影响，确立 "百学之基础" 乃依凭 "集实验（experience）

① 山室信一、中野目徹校注. 明六雑誌（下）. 東京：岩波書店，2009，第 236 页.
② 同上书，第 303、309 页。
③ 大久保利謙. 西周全集第 4 卷. 東京：宗高書房，1981，第 23～24 页.
④ 小泉仰. 西周と欧米思想との出会い. 東京：三嶺書房，1989，第 299～300 页.

征真理（truth）之法"。① 在此，西周强调归纳法之优点，表明 19 世纪 60 年代欧洲孔德的实证主义流行于西方学术界的状况，亦反映出西周试图赋予日本学术思想和思维模式以真正的哲学化，并与西方接轨的真正意图。

小　结

本章通过考察作为近代日本启蒙思想家的西周，如何选择性接受英美的实证主义哲学，翻译和创立"哲学"这一概念，并根据实证主义提出"百学连环"，将东西方的学问置于"百学连环"的平台之上，由此来构建近代日本乃至东亚的学科体系，换言之，西周以"哲学"为方法和根据，体系化地解释近代学科体系，并试图借助它来建构新的近代学科体系。

西周在《百一新论》中，首次在日本使用了"philosophy"的翻译语"哲学"。而后，1878 年在东京大学创立的纪念演讲中，西周提出了与"实验"并列的"溯源"这一探究知识的方法，并向青年一代呼吁"哲学"这一概念。② 基于这样的事实，或许我们就理所当然地认为西周就是近代日本"哲学"的代表。事实上，聆听了西周的演讲，而后在哲学讲座的组织化、专门学术杂志的出版、培养继承者等一系列"外部的制度化"领域发挥了巨大作用的井上哲次郎，就将西周列为明治初期输入西方哲学的一群人之中的集大成者。③

不过，围绕西周在哲学上所取得的成就，日本学术界的评价也站

---

① 大久保利謙. 西周全集第 4 卷. 東京：宗高書房，1981，第 34 頁.
② 同上书，第 568 ～ 573 页。
③ 井上哲次郎. 明治哲学界の回顧. 東京：岩波書店，1932，序論.

在了与"外部视野",即与"输入"西方哲学截然不同的立场。在《西周哲学著作集》中,现代日本学者麻生义辉(1901—1938)将西周评价为日本哲学的革命者,尤其是针对西周的《百学连环》,麻生义辉高度称赞道:"在明治三年这样的时代,竟有人尝试如此体制详备、规模宏大的学术讲义,可见当时我日本精神文化所达到的水准之高,直令人叹为观止。"①

与之不同,学者狭间直树则关注到了西周的思想来源,尤其是关注到了东亚思想的根源问题。他指出,西周"为在以朱子学为核心的东亚学术体系基础上吸收西洋近代文明,主要是其学术内容而倾注了全部的精力"。②这一点或许与中江兆民的"日本无哲学"的说法存在某种相通之处,但是亦指出了西周思想根植于"东亚"传统的性格。

这样的一系列评价,无疑是站在思想史的立场来展开的。那么,站在哲学史的立场,日本学者是如何评价西周的?

对于井上哲次郎之后的体制内、专业化的一代人而言,西周基本上只是维持在了一个启蒙思想家的地位。根据继承井上哲次郎的第三代的人物——桑木严翼所言,尽管西周开始制定哲学术语,而后输入了以实证主义、经验主义、功利主义为思想根基的社会科学,在多个领域取得了不小的功绩,但是就"哲学"而言,西周只是一个将"人生哲学树立为根本"的启蒙思想巨人,而不能称为专业性的哲学者。③

现代哲学家船山信一曾评价西周为"哲学的百科全书",尽管亦将之称为"日本哲学之父",但是依旧将之视为"自觉的哲学以前"的

---

① 麻生義輝.西周哲学著作集.東京:岩波書店,2009,第380頁.

② 〔日〕狭间直树:《西周留学荷兰与西方近代学术之移植——"近代东亚文明圈"形成史·学术篇》,袁广泉译,《中山大学学报(社会科学版)》2012年第2期。

③ 桑木厳翼.日本哲学の黎明期:西周の『百一新論』と明治の哲学界.東京:書肆心水,2008,第17〜22頁.

"启蒙主义者"。① 小坂国继在将西周称为"启蒙主义者"的同时，也评价其为优秀的"体系者"。② 不管如何评价，西周皆被评价为启蒙思想家。可以说，日本近现代哲学家对西周哲学活动的评价正契合了本书的宗旨，西周在接受和转换"哲学"的过程中一直扮演着"启蒙者"的角色。

那么，审视日本近代和现代哲学者基于自身的立场，对西周"哲学"的诠释与建构展开的评价，本书提出以下反思与批评。

首先，就重大意义而言，孔德依据实证主义尝试谋求诸科学的统一。孔德之前的范例，就是亚里士多德的二分法（理论学、实践学）、斯多阿学派的三分法（逻辑学、自然学、伦理学），到了西欧近代时期，伽利略的机械技术学登场，笛卡尔与培根尽管延续了这一立场，但是并没有实现革新古典传统框架。就此而言，孔德的尝试可谓具有划时代的意义。孔德采取新分类的原理就是"从抽象到具体"。沿着这一原理，孔德逐次地为数学、天文学、物理学、化学、生物学、社会学奠定了基础。但是，在孔德的框架下，心理学被还原为了生物学、生理学，由此而突兀地跨越到了社会学，心理学的独特领域存在了缺陷。由此，英国的穆勒认识到"生理与社会之间"的"缺失的一环"，故而早早地尝试搭建起一个桥梁。而且，西周亦赞同穆勒的立场，并进行了尝试。③

与之不同，西周并没有关注到"心理与社会之间"，而是基于曾经立志成为"儒医"的缘故，将关注的焦点转移到"生理与心理之间"的问题。西周探讨了大脑与"单纯的情感"之间彼此对应的方向，情的形态与脑的形态彼此对应的"情＝脑"命题应该说就是"关系即理"命题的一大适用。可以说，孔德不曾实现的诸科学的统一，尽管被限

---

① 舩山信一. 舩山信一著作集第八卷. 東京：こぶし書房，1998，第 15 ～ 16、19 頁.

② 小坂国継. 明治哲学の研究——西周と大西祝. 東京：岩波書店，2013，第 60 頁.

③ 大久保利謙. 西周全集第 1 卷. 東京：宗高書房，1960，第 106、109 頁.

定在了个人心理的层面，却通过西周而得以实现。

其次，就目的而言，日本明治初期是一个启蒙的时代，承担这一启蒙历史使命的学术团体，即 1873 年创立的"明六社"。通过这一团体的知识分子的介绍与启蒙，西方的学术思想大量地输入日本。那么，如何将之加以归纳，确立起一个合理的学科系统，也就成了这一时期日本知识分子所关注的一大问题。

在此，日本近代哲学之父西周所提出的"百学连环"，可以说正是通过西方百科全书式的解释活动，而建立起来的一个典型的学问体系。西周提倡"百学连环"的根本目的，诚如日本学者所指出的："与欧洲将学问从神的权威之中解放出来一样，西周的意图在这里也就是使学问从先王之道、孔子孟子的权威之中解放出来，通过弄清学问的整体结构，使各个学问得以区分明了各自所处的位置。"① 另一方面，也在于试图将复杂纷纭地输入日本的西方学术进行归纳，提出一个合理的基准。

最后，这一体系化的知识体系中，西周强调："Philosophy is the science of science"（哲学是科学的科学），哲学乃是"统辖诸学，犹如国民之国王，诸学皆不可不归于哲学之一致统辖"。所谓统辖，也就是以体系化为目的的"归纳"方法，即通过树立逻辑的方法，将科学或者真理解释归结为一。② 在此，可以说通过这样的方法，西周试图脱离"非西方即东方"一类的二元框架结构，将西方的学问与东方的学问置于一个"百学连环"的平台之上，由此来构建近代的知识体系。

---

① 〔日〕高坂史朗：《从儒学到哲学》，见卞崇道、〔日〕藤田正胜、〔日〕高坂史朗主编：《中日共同研究：东亚近代哲学的意义》，沈阳出版社，2002 年，第 68 页。
② 吴光辉：《传统与超越——日本知识分子的精神轨迹》，中央编译出版社，2003 年，第 61～62 页。

第三章　井上哲次郎与作为"融合东西学问"的哲学

作为近代日本学院派哲学的代表人物，井上哲次郎在当时的日本文部大臣芳川显正（1842—1920）的要求下，于1891年著述了文部省检定、师范学校中学校教科用书——《教育敕语衍义》。该书宣扬国民、臣民的道德，阐述天皇制国家范畴下的伦理学，也构筑起井上哲学的核心——伦理学（道德论）。不过，正如近代日本著名社会活动家木下尚江（1869—1937）所评论的："教育敕语一出，日本的伦理学为之豹变。在日本近代学问的演绎之中，尤其是'伦理学'，占据了一个极为特殊的地位。"①所谓"极为特殊的地位"，即日本以所谓的"国民道德"之名，整体贯彻了一种"国教"（国家神道）的统治方式。

正如现代日本学者加藤恒男所指出的，这一时期"不只是伦理学，以哲学为首的各个学科也就必然被加以歪曲、压制"。②如果这样一个论断得以成立的话，那么我们也就必须追究一个根本的问题，即1877年东京大学成立之际，作为制度而得以设置起来的哲学科，所秉持的"哲学认识"是否不仅存在着一种新的诠释，同时也潜藏着更为深刻的误读。尤其值得探讨的一点，就是在明治国家体制得以确立的过程之中，井上哲次郎也构筑起了自身的哲学。正如井上哲次郎在《明治哲学界的回顾》一文中所指出的："现今，我国以往的儒教和武

---

① 堀孝彦. 日本における近代倫理の屈折. 東京: 未来社，2002，第67页.
② 加藤恒男. 井上哲次郎の哲学・宗教・倫理学:〈人文知〉に背馳する. 哲学と現代（32），2018.

士道之精神濒临灭绝之际，而西洋之道德主义已具席卷我日本精神界之趋势。"因此，井上哲次郎提出将"东洋和西洋之道德打成一团，以此作为今后我日本道德主义之基础"。[①] 那么，井上所建构的所谓的"明治哲学"，这样一种将"东洋和西洋之道德打成一团"的哲学，究竟是什么样的"哲学"？

第一节　井上哲次郎的学习生涯

本节将以井上哲次郎接受和转化哲学前的学习经历为重心，考察井上的思维方式和治学特点。

一、儒学启蒙

井上哲次郎 1855 年生于筑前国（今福冈县）太宰府市的医生世家，原姓富田，号巽轩。日本著名的太宰府天满宫正是位于太宰府市的神社，神社中祭祀着平安时代的学者、政治家，以及素有"学问之神"之称的菅原道真（845—903）。

依照日本百科事典的记载，菅原道真是日本平安时代的贵族、学者、汉诗人和政治家，深得宇多天皇、醍醐天皇的信任和重用，891年任藏人头（天皇身边掌管文书、宫廷仪式、传诏敕等事），894 年被醍醐天皇任命为遣唐使，899 年官至右大臣一职。901 年因左大臣藤原时平谗言于天皇，菅原被贬为大宰权帅，调往僻远之地，也就是现在的日本福冈县太宰府市。菅原死后，因后来发生的皇宫清凉殿落雷事件，被尊为"雷神""文化神"。著有《类聚国史》和《菅家后集》、诗

---

① 井上哲次郎、蟹江義丸編.日本陽明学上卷.東京：大鐙閣，1922，第 1～4 頁.

歌散文集《菅原文草》等。

正是因为从小深受"学问之神"菅原道真的影响，虽然出身儒医世家，井上却立志成为一个有学问的人。井上哲次郎在晚年撰写的《菅原道真》一书中将其誉为"初唱和魂汉才""文教之祖""教育之元祖"。[①]"初唱和魂汉才"之定位，说明井上认可菅原道真接受外来文化的立场和方法，这对井上后来接受西方哲学的方式产生启发性的作用；"文教和教育之祖"的评价，表明井上赞赏菅原道真作为官僚学者的身份，这对后来井上始终将国家主义与学问相结合，诞生国家主义哲学亦产生巨大影响。

井上幼年在家乡学习汉学，8 岁起随当地儒者中村德山学习汉学。先学"四书"中的《大学》，而后学习《中庸》等其他汉学典籍。后来，中村德山因前来投学之人增多，遂开办私塾。由于井上天资聪慧，且勤奋刻苦，深得中村赏识，未满 14 岁就获得私塾教头头衔，边学汉学典，边协助老师教授学生。老师中村的品德和学识无疑给予井上以重要影响，培植和奠定了井上坚实的儒学基础。

但是，"随着年龄和知识的增长，井上越发想将所学知识付诸实践，且觉太宰府乃村野之地，无法满足自身的求知欲望，离开家乡出门深造的欲望倍感强烈"。[②] 因此，1870 年，15 岁的井上决定游学他乡，去学习新的知识，探索新的契机和领域。

二、初识洋学

明治初年，各地掀起学习外语特别是英语的热潮，井上亦深感时事之变化，决定学习英语。在福冈县的博多学习了半年英语之后，因感到

①　井上哲次郎. 菅原道真. 東京：北海出版社，1936，序章.
②　島薗進、磯前順一. 井上哲次郎集第 8 卷. 東京：株式会社クレス出版，2003，第 4 頁.

师资能力不足，井上特地跋山涉水前往长崎学习英语。1871 年，井上进入长崎官立学校广运馆，该校的教师多数为英美等外籍教师，井上跟随美籍教师通过英文版书籍学习数学、地理和历史等学科，浓厚的西学气氛和纯外语的学习环境为井上创造了极好的条件。井上孜孜不倦地学习西学，仅仅三年，不仅能够自由地用外语对话和写作，各学科成绩亦出类拔萃。由于井上在广运馆成绩优秀，从学生班长被提升为助教。

1875 年，在广运馆学了不到四年，井上就以优异的成绩被推荐入东京开成学校。1876 年，井上顺利到达东京的开成学校。这所学校，据井上后来回忆："开成学校的学科设置类似明治后期的高等学校，但是没有开设汉学、国文以及日本历史等传统学科，所有学科均为英、法、美等西方语言和自然社会学科。且教师均为英美等外籍教师，本国教师只有 2 至 3 人。"① 可以说，井上哲次郎真正开始系统地学习西学知识始于开成学校，其知识结构由儒学转换为洋学。开成学校的学制为三年，由于井上勤勉，仅仅两年就修完所有学业。

但是，毕业之后的出路在何方开始困扰井上哲次郎。1877 年，日本政府将东京开成学校与东京医学校合并，创建"东京大学"，成为日本近代教育史上第一所大学。东京大学设立了法、理、文、医四个学部，为了培养时代急需的管理人才与技术人才，东京大学聘请英国、美国、德国、法国等来自欧美的外籍教师任教，采取讲座的形式进行教学与授课，全面移植西方近代学术思想。可以说，东京大学的设立无疑给井上哲次郎的学问人生带来了新的契机。

三、哲学学习和东大任教

1877 年 9 月，东京大学创建之初，设立了哲学这一新学科，不久

---

① 島薗進、磯前順一. 井上哲次郎集第 8 卷. 東京：株式会社クレス出版，2003，第 5 頁.

便从欧美请来专家讲授哲学课。井上考入东京大学哲学专业学习，兼修政治学，并旁听了经济学等学科。据《井上哲次郎自传》所述，当时之所以选哲学科，是因自身抱有"极其想学哲学"的愿望。并且，"少年师从太宰府的儒学者中村德山学习汉学，当时的学习经历和印象成为不可摆脱的力量，同时自己亦觉对哲学最感兴趣，于是毫不犹豫地选择了哲学作为专业"。①

进入大学，井上开始跟美籍教师恩内斯特·费诺罗萨（Ernest Francisco Fenollosa，1853—1908）学习哲学。恩内斯特·费诺罗萨不仅是一名哲学教授，同时也是日本近代美术史上不可忽视的重要人物。作为东京大学美学教授，费诺罗萨不仅在狩野派、土佐派等日本名家门下学习日本古代美术研究和鉴定方法，而且担任由日本文部省和内务省联合授权的美术专员、帝室博物馆美术部主任等职，曾受日本明治天皇委派，对日本国内所有的艺术财产进行登记与管理。

作为美国哈佛大学哲学专业的优秀毕业生，费诺罗萨深受斯宾塞进化论思想和黑格尔哲学的影响，26 岁即被东京大学聘为专职教师，教授哲学史课程，"用独特的方式，教授从笛卡尔到黑格尔的欧洲哲学史，给我留下深刻的印象，至今难忘。除此之外，还教授政治学和经济学，并且费诺罗萨对日本美术抱有兴趣，成为日本美术的研究者和传播者，并对当时的东大学生冈仓天心、狩野芳崖等产生巨大的影响"。② 可以说，费诺罗萨的哲学思想和学识深深影响了井上的哲学研究和艺术修养，而井上也一直认为自己是费诺罗萨最优秀的弟子。③

---

① 　伊藤友信. 近代日本哲学思想家辞典. 東京：東京書籍，1982，第 60 頁.

② ·島薗進、磯前順一. 井上哲次郎集第 8 卷. 東京：株式会社クレス出版，2003，第 6 頁.

③ 　森下直貴. 井上哲次郎の〈同＝情〉の形而上学——近代日本哲学のパラダイム. 浜松医科大学一般教育（29），2015.

与此同时，在大学期间，井上跟随被誉为"秀才"的汉学者中村正直（1832—1891）学习汉学，跟随国学者横山由清（1826—1879）学习国学，向曹洞宗的禅僧原坦山（1819—1892）学习佛学，他尤其对原坦山的大乘佛教十分感兴趣，曾坦言："原坦山的人格魅力和学识是自己坚持研究哲学和对哲学始终保持兴趣的动力，即使大学毕业之后，自己亦一直和他保持联系。"①

1880 年，井上哲次郎自东京大学哲学科毕业，经东京大学"总理"加藤弘之（1836—1916）的推荐，进入日本文部省编辑局，参加《东方哲学史》的编辑工作。由于感到文部省官僚主义气息过于浓厚，自己难以适应，井上哲次郎便于一年后退职，进入东京大学编辑所，并被聘为副教授。1882 年 3 月，井上回到东京大学担任教职。这一时期井上哲次郎的思想境界和学术心态可以说具有明显的时代特征，既隐藏着旧的伦理思想的复活和国家主义的心态，又怀有获得欧美文化认可的渴望。

四、德国留学

1871 年，德国在"铁血宰相"俾斯麦的统治下，实现了国家的统一。他推行强权政治，本着"教育应服务于政治"的理念，将文化和教育的地方主义传统统合到了近代的国家主义框架之下。这一时期，德国学校教育的特征，是实行具有欧洲传统的培养国家领导阶层的精英教育与培养具有一定技能的国民教育的双轨制。②

1882 年，明治政府派伊藤博文（1841—1909）赴欧洲考察宪政。通过考察，他对英、法、德三国宪法加以比较，认为英国宪法中"国

---

① 島薗進、磯前順一. 井上哲次郎集第 8 卷. 東京：株式会社クレス出版，2003，第 6 頁.
② 于洪波：《日本教育的文化透视》，河北大学出版社，2003 年，第 182～183 页。

王虽有王位而无统治权","与我国国体不相符";而"德国政府虽采众议，却有独立权","君主亲掌立法行政大权，不经君主许可，一切法律不得实行","可见，邦国即君主，君主即是邦国"。他对德国宪法推崇备至，认为适合日本国情。[①]与此同时，日本政府亦关注到了德国国民教育的政策与体制。而且，正如日本学者永井道雄所提到的，日本政府意识到德国是"以国家的繁荣和增强国家的实力为目的，并培养出能服务于这一目的的国民"[②]的教育体制。自此，日本政府开始派遣大批的留学生奔赴德国留学，积极翻译与介绍德国的政治制度与人文社会思想。

1884年，文部省派遣井上哲次郎前往德国研究哲学。1884年2月至1890年10月，井上先后留学和游历德、法、英等欧洲诸国。他曾在海德堡大学、莱比锡大学和柏林大学注册入学，在学的时间半年到一年不等，主修心理学和哲学等科目。不仅如此，井上在课外还拜师学习了德文、法语、意大利语、拉丁语和古希腊语，到法国、英国等欧洲各地访师问友，了解各地风土人情和学术发展状况。

井上哲次郎除了聆听哲学家冯特（Wilhelm Wundt，1832—1920）等人的课程，还与哲学家哈特曼（Eduard von Hartmann，1842—1906）有深厚的交往，学习形而上学及黑格尔哲学。同时他还在柏林东方语学校任教，并应邀在世界东方学会上讲演。1890年，井上哲次郎学成回国，被聘为东京大学教授，1891年正式获得文学博士学位。对于自己在德国留学期间的收获，井上说道："德国的留学为我开拓了全新的精神领域，而且德国哲学是当时世界哲学的中心，对于19世纪80年代的日本而言，还是新鲜而陌生的精神科学。我能够深入世界哲

---

① 《简明不列颠百科全书（第9册）》，中国大百科全书出版社，1986年，第56页。
② 永井道雄. 近代化と教育. 東京：東京大学出版会，1969，第98頁.

学的中心研学最先进的哲学知识，是我最大的收获。"① 受到德国留学的影响，为了研究哲学以及其他精神科学，井上哲次郎回国后努力奉劝日本政府派往西方的留学生主要前往德国。因此，可以说在 19 世纪 90 年代以后的日本，德国哲学受到极大重视，从此，以德国古典哲学为中心的西方哲学成为日本大学讲授和研究的主流。继井上哲次郎之后，许多青年人前往欧洲学习哲学。这很大程度是井上哲次郎等人努力的结果。

第二节　井上哲次郎对"哲学"的接受与转化

井上哲次郎的哲学立场在于"现象即实在论"，具体体现在其撰写的《我的世界观的一尘》《现象即实在论》《认识与实在的关系》等一系列论文中。审视其文本，一方面，我们可以发现，井上或许是困囿于明治时期的历史语境，将哲学立场下的"圆融实在论"与日本国体、日本天皇制进行了一个概念置换。另一方面，正如井上在《明治哲学界的回顾》一文中曾明确地阐述自己的立场："除了德国哲学，我还受进化论和佛教哲学的影响。所谓进化论者不知不觉之间就倾向唯物方面，特别是像加藤博士那样，他几乎是极端的唯物论者。我虽然也同加藤博士一样是进化论者，但没有走向唯物主义。即便如斯宾塞的进化哲学，其开门见山强调的却是不可知论，因此，可以说连斯宾塞也绝不是彻底的唯物主义者。并且进化论不应该仅仅局限于物质方面的进化，而是必须考虑精神性进化。的确，许多进化论者满足于自然科学的进化论，往往倾向于物质方面，对此我感到非常不满意。总

---

① 島薗進、磯前順一. 井上哲次郎集第 8 卷. 東京：株式会社クレス出版，2003，第29頁.

之，我认为如果不接受哲学角度的精神性进化主义的话，则会成为非常偏激的不完全的进化论。所以，我站在理想主义一边，不断与流行的唯物主义、功利主义、机械主义等进行斗争。”[1] 在此，我们也可以说井上的立场可谓是进化论的民族学派和西方理想主义的综合。

那么，井上究竟是如何理解接受西方的“实在论”，转化把握并最终形成自己所谓的“现象即实在”理论的呢？

第一，依照井上的阐述，所谓“现象即实在论，即圆融实在论（Identitätsrealismus）”。[2] “现象”就是“Erscheinung”，“实在”即为“Realität”，“即”就是“Identität”。[3] 而且，井上指出：“谢林的客观唯心论在绝对之中来调和客观与主观，故而虽与现象即实在论极为类似，但是谢林却是继承了费希特的思想，以实体归于我，进行了唯心论的考察。”[4] 在此，井上哲次郎在简略阐述“认识论”的时候，先是阐述了康德（内外区别与“物自体”）、费希特（否定“物自身”与纯粹的“主我唯心论”）、谢林（“客观唯心论”），就在绝对之中调和主观与客观这一点而言，可谓与“实在论”相类似。

针对谢林主张的“绝对＝自我”，井上以一种尝试超越的架构对“实在论”进行了定位，也就是暗示自身的哲学立场处在一个“顶点”的地位。不过针对黑格尔，井上则是提到既然黑格尔与谢林极为相似，故而无法将黑格尔的哲学确立为“顶点”。而且，井上进一步认为：“依照唯心论之观点，客观乃是由主观产生，在这一方面，唯心论与唯物论处于完全相反的地位。就唯心论而言，唯一的存在就是心意，

---

① 下村寅太郎、古田光編.現代日本思想大系第 24 巻.東京：築摩書房，1965，第68 頁.
② 日本哲学会.哲学雑誌 123 号.東京：有斐閣，1897，第 379 頁.
③ 同上.
④ 三枝博音.日本哲学思想全書第 3 巻.東京：平凡社，1936，第 317 頁.

外界的现象不过是心意的结果。对于唯物论而言，唯一的存在则是物质，心意的作用皆是物质的结果。因此，唯心论与唯物论均是偏执一方。而实在论乃是立于二者之间，也就是面对主观而存在的不同于主观的客观，是确证之心意、物质的实在。故而实在论可以调和唯心论与唯物论，可以疏通排斥一切难点，复归至无余蕴者也。"① 也就是说，井上认为唯有"实在论"才能使之成为可能。

依照井上哲次郎的阐述，所谓"认识"，就是"主观把握特殊对象，将之与自余对象加以区别开来"，故而它不存在于"无差别平等的境界（实在界）"，而只是存在于"具有差别的现象（界）"。② 不仅如此，井上还认为："不管是'主观'还是'客观'皆是迥异的存在，'认识'就是主观与客观之间所引发的'事实'。"③ "以主观客观的对立为开端，一切的差别皆不过是'逻辑的抽象'（logische abstraktion）所引发的。"以此为基础，主观与客观皆是"依照逻辑的抽象才被裁断出来的差别"，主观与客观的差异性就是一个"必然的结果"。

第二，井上进一步将"现象"与"实在"的关系把握为"同体不离，二元一致"④ 的关系。所谓"实在"也就是"本体、本质的存在"，即"Wesen"。井上在此以康德哲学认识论的现象界、本体界为基础，将"本体"置换为"实在"。

不过，井上提出的"现象即实在论"否定任何二元论的一元论，是一如实在，是无差别、平等的实在。由此也就成为唯有实在，无名的、没有哲学的世界。"实在"是"超越了一切，无处不在"⑤ 的存在。

---

① 三枝博音.日本哲学思想全書第 3 卷.東京：平凡社，1936，第 317 頁.
② 同上书，第 323 頁。
③ 同上书，第 324 頁。
④ 日本哲学会.哲学雑誌 89 号.東京：有斐閣，1894，第 493 頁.
⑤ 三枝博音.日本哲学思想全書第 3 卷.東京：平凡社，1936，第 373 頁.

"作为实在的个人，超越了时间空间，乃至因果的规定，直接通向了世界的实在"①，"世界的实在就在自我之中"。② 或许是认识到这样的解释存在一点问题，故而井上进一步阐述了如何区别性地把握真实的世界与实在界的"认识"方法，并提出："平等的世界（实在）唯有在其内部才能直观之，也就是康德所谓的可想象的 intelligibilis（知性的）存在。这样的依靠认识而不可考量之物，就是世界的实在。因此，认识的界限会止步于现象的范围，这一定不容怀疑。然而，自古以来无数哲学者皆未能理解认识之界限，故而引发了极大的思想混乱。一方面，正如过去讲授本体学 ontology 的哲学家，他们将实在理解为犹如现象界的存在，并直接将之把握为认识的对象。但是，经过康德论证其难以成为科学之后，才逐渐销声匿迹。"③

在此，可以说井上没有阐述康德的哲学研究，尤其是认识论的成果，而是继承了康德设定的"物自体"（本体、井上所谓的实在）范畴——康德认为它是不可知的，对这一概念的探究持保留的态度，同时也继承了"知的直观"这一概念，设定了现象与实在（本体）。但是，在康德之后的德国古典哲学（观念论）的发展过程中，将世界一分为二的"物自体"范畴被加以否定，取而代之的是道德的自由。进而哲学家的关心点转向了自我、实体，最终则是黑格尔将"绝对知"的认识界定为了可能，通过把握而构筑起学术体系，这一点尤为重要。不过，黑格尔将现象、本质存在、现实性三个概念视为同一性的存在，而井上哲次郎却不曾接触到这一点。

不管如何，井上认为唯有直观才能把握"实在"，故将"实在"理解为"不可形容"的存在。而后，基于"实在"不可区别，是无

---

① 三枝博音. 日本哲学思想全書第 3 卷. 東京：平凡社，1936，第 382 ～ 383 頁.

② 同上书，第 383 頁。

③ 同上书，第 343 頁。

差异、平等的存在这一点，井上进而模仿老子，将"实在"界定为"无名"①，而将现象称为"有名"。再针对即便是不可区分的"实在"，在阐述这一观念之际也需要一个名称，由此来诠释老庄思想与佛教（大乘起信论）思想，以所谓"近似"之名列举了佛教的"真如""实相"以及康德的"物如"（Ding an sich）、斯宾塞的"不可知的"（Uknowable）等一系列范畴。就这样，井上在阐述认识界限的问题之际将其转换为阐明"实在是什么"的问题。

可以说，井上将哲学、宗教皆把握为关乎"实在"的学问。而且，不管是哲学还是宗教都是适合于"实在"的学问，也就是"现象即实在论"。井上还进一步阐释："若是将世界的实在人格化的话，其考察的结果就不免与宗教的教旨合而为一。不管是哲学还是宗教，均为关乎实在的学问。"② 在此，我们可以看出这不是一种普遍的论断，而是所谓大日本帝国的忠臣——井上哲次郎的独有思想。事实上，既没有哲学与宗教的合一，也没有所谓的物心合一这一类的论述，实质上与"实在"没有任何关系。也就是井上强调："实在就是永远的持续，实在的观念若是无法抵达物心融合的一如状态的话，那么也就不应该说是达到了极致。"③

总之，可以说，井上将这样的实在把握为"神""绝对者"或者"万世一系的国体""唯一的存在""天皇""现人神"等一类的范畴，将哲学与宗教合而为一。不言而喻，这样一个根本性的转换，一是将哲学的问题转换为与宗教相互"圆融"而为一的问题，也消解了哲学的思辨性；二是赋予了日本的天皇、国体以作为"圆融实在"的哲学基础，以及国家或者天皇制以重要且唯一的价值。

---

① 三枝博音.日本哲学思想全書第 3 卷.東京：平凡社，1936，第 344 頁.

② 同上书，第 383 页。

③ 同上书，第 386 页。

井上如何理解"圆融实在"？对此，他专门强调了"直观"这一范畴，但是却存在着针对黑格尔的最为深刻的误读。承前所述，井上借助不少范畴来把握"实在"。但是，"实在"就是绝对的存在，就是不可知的绝对存在。对此，井上主张必须依靠直观来把握之。作为这一论断的论据，井上亦引用了黑格尔的一段文字："我们不能认识它（活动主义）。大概是由于它是超越了认识的绝对。黑格尔氏言之，绝对不可概念化，而应该是感知、直观。其感情与直观成为语言，应被加以表述。"①这一段文字来自黑格尔《精神现象学》的序言："绝对的存在不应该被加以把握，而应该被感知直观。它不是作为概念，而是这样的感情与直观应该可以言说，应该被加以言说。"②这是黑格尔批判性地解读德国哲学家谢林哲学的一段话。在此，黑格尔主张，绝对的存在只有在概念的范畴下才拥有自身现存的领域性。尽管黑格尔没有明确提出谢林的名字，但是井上却将之理解为黑格尔自身的主张，并引以为自我推论的根据，这完全是一种误读。

事实上，井上的这一认识也深刻地影响到其弟子西田几多郎（1870—1945），西田在《善的研究》一书中也主张通过"直观""自觉"③来把握真实与神，提出要通过"自得"④与"见神"⑤的方式来把握"实在的统一者"。⑥西田对神的"存在证明"予以否定，主张"宇宙之中只有一个唯一的实在"，"与自然合而为一的精神"，"淹没了主

---

① 三枝博音.日本哲学思想全書第3卷.東京：平凡社，1936，第63頁.

② ヘーゲル.ヘーゲルの思想.真下信一訳.東京：河出書房新社，1968，第30頁.

③ 西田幾多郎.西田幾多郎全集第1卷.東京：岩波書店，1978，第40頁.

④ 同上书，第63页。

⑤ 同上书，第100页。

⑥ 同上书，第81页。

观客观的区别，将精神与自然合一的就是神"。^① 不过在此，我们也不禁思考，正是因为对黑格尔这一段批判文字的误读，近代日本在宣扬和鼓吹所谓的"天皇制国体""日本精神"的时候，缺乏了概念性的求真思维，而是走向了所谓的"东洋的直观"，同时也将天皇制作为唯一的实在，将之视为"统辖"一切的日本国民道德论的前提。

概而言之，井上哲次郎站在一个过去的哲学史潮流、东洋思想、社会进化论、实证主义，同时包括了欧美的新唯物论、经验批判论（而后走向逻辑实证主义）、新康德派、现象学等一系列新哲学流派的立场，来构想其独特的"现象即实在论"。事实上，审视西方兴盛的真正根源，应该说基本上是来自以牛顿、法拉第为代表的自然科学的发展，而不是作为后续论证的德国思辨哲学。而井上哲次郎将思辨哲学视为哲学的顶峰，将德国哲学，尤其是黑格尔视为正统，不过只是一大误读而已。哲学本是自由的思想、怀疑的思想，但是在井上哲次郎的笔下却成为"直观"地论证日本"国体"的手段，成为提倡国民道德、日本精神的工具。正如日本学者船山信一（1907—1994）将井上哲次郎的思想直接界定为"国权主义"^②一样，井上就是以国家权力的正当化与极度的扩张为明确目的，由此来推动"知识制度化"。

第三节 井上哲次郎推动哲学统合：知识的制度化

回顾日本近代化的历程，我们可以发现，近代以前的日本一方面

---

① 西田幾多郎.西田幾多郎全集第 1 卷.東京：岩波書店，1978，第 95 頁.
② 舩山信一.舩山信一著作集第六卷.東京：こぶし書房，1999，第 64 頁.

继承了扎根于东方传统的知识遗产，一方面亦以接受西方的哲学、科学的形成来革新人文知识，并以此作为国家的宏大事业来加以推进。在日本的近代国家形成过程之中，人文知识的制度化乃是一个重要的课题，并占据着基础性的重要地位。就在这一过程中，日本的明治时期出现了与殖产兴业、富国强兵相并列的"和魂洋才"的时代口号。到了大正时期，正如日本哲学家三木清（1897—1945）在文章《读书遍历》中对"大正教养主义"的深刻评说："支配我们（知识分子）的是'教养'的思想。它轻蔑政治而重视文化，具有反政治乃至非政治的倾向，是文化主义的思考方法。"① 可以说，"文化"与"教养"成为当时知识分子和国民生活的理想。到了第二次世界大战时期，日本则出现了为世人所热衷的所谓"日本精神"。以"文化""教养""日本精神"等一系列概念为连带对象，批判性地讨论日本近代化过程中的"人文知识的制度化"问题，在历史的脉络中把握日本的"人文知识的危机"，具有了极为重要的意义。换句话说，站在"人文知识的制度化"这一基点，以近代日本为中心，对"东亚近代哲学的生成与发展"展开探讨，亦具有现实的意义。

井上哲次郎是明治后期日本哲学界的重要人物，他不仅在东京大学这一制度框架下谋求进一步充实各个学科讲座，而且门下弟子英才辈出，组织了不少学会团体。与这样压倒性的"知识制度化"的发展形成巨大反差的，则是之后井上自身的"存在"越来越陷入淡薄，其自身学术成就只是限定在了"日本儒教史"这一领域。

那么，审视日本学界关于井上哲次郎"知识制度化"的学术活动，主要分为两种：一方面，站在思想史的立场，探讨井上在引进德国观

---

① 刁榴：《三木清的哲学研究——以昭和思潮为线索》，社会科学文献出版社，2008年，第14页。

念论哲学和在树立 "现象即实在" 理论方面的建树，以及有关日本儒教三部作上具有开创之功。另一方面，井上是一位激进的国家主义者，因此落下了 "御用学者" 之名。近年来，围绕井上哲次郎的 "现象即实在" 哲学理论的代表性研究不少，概而言之，迄今为止围绕井上哲次郎的哲学研究，基本上是围绕井上的哲学思想，或者内容，或者井上自身的哲学观念的转变而展开；或是围绕井上的日本儒学的主题、时代意义、研究方法来展开讨论；或者就井上个人的政治思想乃至整个时代来展开考证。

反之，关于井上哲次郎 "知识制度化" 的研究，迄今为止十分稀少，即便是站在思想史的立场，可以列举出的代表作仅有矶前顺一的著作《近代日本的宗教言说及其系谱——宗教、国家、神道》（岩波书店，2003 年），该著作中也只是对井上哲次郎的 "知识制度化" 的实践进行过一些直接性的描述，并未深入地进行探讨和批评。也就是说，作为井上哲次郎的 "知识制度化" 的实践研究，几乎处在一个被遗忘了的地位。

归根结底，日本学界对井上哲次郎的研究往往聚焦于井上的国家主义的理念和儒教研究，忽略了井上在接受和转化西方哲学过程中的价值和意义，因此，我们不应该站在 "想象" 的立场，而应该站在 "怀疑" "解构" 的立场，追索井上哲次郎在近代日本知识制度化过程中的价值以及意义。

一、翻译书籍和编辑讲义

井上哲次郎在东京大学任教期间，于 1881 年初，以《伦理的根本原则》为题发表了对伦理的见解；接着以《伦理新说》为题，将之整理成书，并于 1883 年刊行，可以说井上在伦理学上的理想主义已经在此书中初露端倪。1882 年，井上节译了贝恩（Bain）的 *Mental*

Science；并以《心理新说》为题于 1882 年发表。作为明治时代日本翻译的有关西方心理学的书，可以说这是继西周翻译黑文（Haven）的《心理学》后的第二部专著。

此后，井上哲次郎于 1883 年出版了《西方哲学讲义》，这是他在这一时期编辑出版的第一本教学讲义。作为研究古希腊哲学的讲义，可以说它渐渐接近了近代哲学，对当时的日本具有一定的思想启蒙作用。

二、编撰辞典——以《哲学字汇》和《哲学大辞书》为例

关于《哲学字汇》的编辑出版，井上在《井上哲次郎自传》中写道："我在东京大学毕业是明治十三年（1880）7 月。第二年即从东京大学出版了《哲学字汇》。明治十七年（1884）增补再版出版，至明治四十四年（1911），又大加修订在丸善书店出版了第三版。为什么会编纂出版《哲学字汇》？我们当时还是东大的学生，每当研究哲学，倍感困惑的就是日语里没有哲学的术语。想讨论哲学的问题，用日语则很不容易表达，要使用很多外语的词才能理解。深深感到无论如何应该制定哲学术语。当时我们的前辈学者西周已经制定了很多哲学的术语，但是还不够。加藤弘之博士也认为有这种必要性，对我们大加鼓励。所以以我为主的几个同学开始尝试创造有关哲学的术语。'哲学'这个词是西周创造的，其他一些心理学的词语也是这样。但是伦理学、美学、语言学等方面的术语是出自我的翻译。'绝对'这个词原来是佛教术语，我把它定为 absolute 的译词。'世界观''人生观'等现在经常使用的词，也是我的首创。……"[1] 井上哲次郎在临去世前一

---

① 島薗進、磯前順一. 井上哲次郎集第 8 卷. 東京：株式会社クレス出版，2003，第 33 ～ 34 頁.

年（1943）完成的《巽轩年谱》中再次提到"发行《哲学字汇》"，可见他对这本术语集的高度重视。

井上哲次郎编纂的另一部辞典，即《哲学大辞书》完成于明治末年（1909），可谓是日本最早的真正的哲学辞典，该辞典合计 5 卷、3000 余页，收录了约 6000 条目，向后世传承着明治时代日本的知识样态。该辞书将大学这一研究教育的制度、组织视为基础，推出了"辞典"这样的传递信息的制度、媒介，可谓是"知识制度化"的里程碑，也是明治日本的一大事业。

该辞书的突出特点在于编辑条目的"国际性与学际性"，尤其是"百科全书式的统括性"与"编辑知识的系统化提示"。具体而言，该辞书不仅收录了古今中外关涉哲学思想领域的内容，同时还网罗了心理学、儿童研究、社会学、法理学、语言学、教育学、生物学、人类学、精神病学、性格学、生理学等各个相邻的学科。

后来的学者曾对该辞书予以以下评价："《哲学大辞书》应该称为一大杰作。这是一部以德文 Enzyklopadisches Worterbuch der Philosophie 为副标题，七卷本的哲学百科辞典，刊载于 1909 年至 1921 年。根据记载，这一时期的哲学权威们或担任编辑者，或担任专门条目的撰写者。例如，担任逻辑学条目的负责人是桑木与纪平；担任心理学条目的负责人是元良与松本；担任伦理学条目的负责人是中岛与得能文。时至今日，这一辞书也可以作为一部哲学人名辞典来加以利用。之所以如此，是因为它还记载了例如朝永、波多野、姉崎、阿部等一批如雷贯耳的哲学人物。"① 换言之，通过该辞书，我们可以广角性地把握这一时期乃至日本近代哲学界的基本样态。

---

① G. K. ピォヴェザーナ著. 近代日本の哲学と思想. 宮川透、田崎哲郎訳. 東京：紀伊国屋書店，1965，第 78 頁.

三、培养各学科的领军人物以及在日本哲学会中的活动

宗教学者矶前顺一曾对井上哲次郎的"知识制度化"活动，进行过直接性的描述："……井上曾经构思东方哲学史这一学问，是希望自身门下弟子或者接受了专门训练的人来承担宗教学、神道学、印度哲学、中国哲学、伦理学、教育学、哲学等各种各样、分门别类的讲座或者学科。井上的大多数弟子通过广博新奇的学问，成为延续至今的东京大学各个学科，进而成为各个学会的开创者。但是，井上哲次郎却沦落为各个学科皆不会提及的存在。……在这之中，唯有日本儒教史，才比较勉强地就井上的研究展开了学术性评价。这导致了日本哲学史这一领域不管是在制度上还是在原理上皆无法取得独立，也不会犹如其他的学问一样出现一位万众瞩目的学派之祖。"①

也就是说，井上哲次郎作为明治后期日本哲学界的重要人物，尽管在近代日本知识制度化的实践中起着重大的作用，但是自身的"存在"越来越陷入淡薄，原因可归结于井上自身的学术成就只是限定在了"日本儒教史"这一领域。

而且，在后来的学者对其"日本儒教史"的评价中，井上哲次郎可以说留下来的只是"恶名"。正如船山信一将其直接界定为"国权主义"一样②，井上是以国家权力的正当化与极度的扩张为明确目的，由此来推动"知识制度化"。

1882 年 3 月，井上哲次郎在加藤弘之的推荐下担任了东京大学文学部助理教授，起初在东京大学编辑所从事《东方哲学史》的编辑，并撰写了原稿的大部分，之后就开始讲授"东方哲学史"课程。井上

---

① 磯前順一. 近代日本の宗教言説及び系譜——宗教・国家・神道. 東京: 岩波書店, 2003，第 95 頁.
② 舩山信一. 舩山信一著作集第六巻. 東京: こぶし書房，1999，第 64 頁.

熟谙西洋哲学，故而在讲授中国古代 "哲学" 之际，亦利用西方 "哲学" 的方法尝试勾勒出东方思想的脉络。

而且，井上哲次郎担任的 "东方哲学史" 课程亦出现在《东京大学法理文三学部一览》一书中。该条目的括号内附加了 "印度及中国哲学" 的注释。该课程以哲学科和汉文学科的学生为对象，第二学年到第四学年开设。[①] 学科规划与课程内容沿袭了之前提到的，即新设置的 "印度及中国哲学"，也增加了 "首先自孔孟老庄杨墨等人的哲学开始，或者论述其是非，或者辨别其得失，或者论证辨明其传承流派等，以此渐次使人了解东方普遍之哲学"。[②] 在此，我们可以看到井上哲次郎试图展现出较之 "古代哲学" 更为广泛、更为深刻的内容。

此外，井上哲次郎在日本哲学会中也有频繁的活动。1884 年，东京大学成立了哲学会。哲学会在 3 年期间一共举办了 26 次聚会，通过演讲、发行杂志、编撰书籍等系列活动扩大了哲学在日本的影响。其中，涉及中国或者东方哲学的演讲至少举行了 5 次。[③] 第二次邀请了井上哲次郎讲授 "中国哲学概论"，第 17 次邀请了岛田重礼讲授 "东方哲学之概略"、有贺长雄讲授 "孔门哲学或考"。在此，井上讲授的 "中国哲学" 追溯到了清代的学术。[④]

哲学会的机关杂志《哲学杂志》创办于 1887 年，原名为《哲学会杂志》，最初 5 年几乎是每月出版。哲学会举行演讲原则上是在次月，以 "论说" 的方式来出版。在这之外，《哲学杂志》还收录了《杂

---

① 東京大学法理文三学部编. 東京大学法理文三学部一覧：明治 14 年から明治 15 年まで. 1882，第 38～39 頁.

② 同上书，第 96～97 页。

③ 森下直貴. 井上哲次郎の〈同＝情〉の形而上学——近代日本哲学のパラダイム. 浜松医科大学一般教育（29），2015.

④ 井上円了. 哲学の必要と本会の沿革を論ず. 哲学会雑誌 1（2），1887.

录》或者《杂报》的内容。① 可以说，无论是东京大学文学部，还是哲学会或者《哲学杂志》，皆是再现明治、大正时期日本哲学的知识被组织化、被"制度化"的一个重要媒介，而井上哲次郎在其中所起的作用和影响力可谓是十分明显的。

第四节　井上哲次郎"日本儒学"的建构与虚构

审视学界对井上哲次郎撰写的"儒学三部曲"，即《日本阳明学派之哲学》《日本古学派之哲学》《日本朱子学派之哲学》的系列研究，其中具有代表性的，首先是中国学者卞崇道《日本哲学与现代化》一书。他站在近代文化对话和交流的立场，借助井上哲次郎的自我标榜，援引并剖析指出："日本哲学家井上哲次郎的'儒学史研究'贯穿了一条与西方哲学对比的线索，并利用西方哲学的方法将日本思想史的研究提高到哲学史的高度，以此来阐释和批判日本儒学史，从而取长补短地融合了东西思想。"② 也就是说，卞氏针对井上哲次郎的评价落实在"日本儒学史"的研究，也就是井上撰写的"儒学三部曲"，认为井上成功地改造了日本思想史，实现了东方与西方的思想融合与文明对话。此外，从哲学史的视角，日本学者藤田正胜的《日本哲学史》认为："井上哲次郎在'儒学三部曲'的叙述之中，完全按照西方哲学的学问方法进行分类，并对之加以比附嫁接乃至融合，并借此来批判儒学。"③ 概而言之，上述研究的要点主要有两个，一是

---

① 森下直貴. 井上哲次郎の〈同＝情〉の形而上学——近代日本哲学のパラダイム. 浜松医科大学一般教育（29），2015.

② 卞崇道：《日本哲学与现代化》，沈阳出版社，2003 年，第 161～162 页。

③ 藤田正勝. 日本哲学史. 東京：昭和堂，2018，第 92 页.

"贯穿了一条与西方哲学对比的线索";二是"取长补短地融合了东西思想"。

审视以上中日学者对井上哲次郎"日本儒学史"的评价,针对第一个要点,或许一部分研究者会认为井上在"儒学三部曲"的叙述中一直使用西方哲学,或是对之加以比附嫁接,或是借此来批判儒学。但是,细致对照井上的文本,我们却可以指出,井上在第一部"阳明学派"中并没有做到这一点。即便是到了第二部"古学派"、第三部"朱子学派",也几乎不曾过多地提到西方哲学的概念。第二个要点在于"取长补短,融合东西思想"这一论断。我们也不禁提出两点疑问:一是井上是否真正地实现了东西方思想的融合?究竟是"误读"还是"过度诠释"?二是井上著述"儒学三部曲"的真正目的究竟何在?

不可否认,这样的问题带有了逻辑性的推导与形而上学的思维,故而既错综复杂亦难以纾解。不过在此,本节尝试回归历史语境,立足哲学文本,站在话语批评和概念史的视角,探究井上自身究竟是如何看待这样的问题,进而如何看待自身建构起来的所谓"日本儒学",由此来揭开井上"日本儒学"的"解释学"的本来面目。

一、作为时代使命的"日本儒学"的撰写

井上哲次郎曾提到,1880 年左右,他开始收集中国哲学、印度哲学的研究资料,试图编撰"东方哲学史"。[①] 为什么决定编撰"东方哲学史"?应该说与这一时代的历史语境、"哲学"在日本的最初传播密不可分。最为关键的是,井上提到试图编撰"东方哲学史",是否表明在井上的心底,东方既已存在着与西方一致的所谓"哲学"?至

---

① 井上哲次郎. 日本陽明学派の哲学. 東京: 富山房, 1900, 序言第 1 頁.

于井上从事的工作，也就不外乎是对"哲学"的历史加以整理编撰而已。

就这一时代的历史语境而言，应该说正是日本经历了明治初期的"西方化"的文明开化之后，传统儒学即汉学开始获得关注的一个时期。这一时期最为突出的人物之一，就是作为明治维新以后最具社会影响力的启蒙思想家福泽谕吉，他接受了欧洲经济学家密尔与社会学家边沁的学说，大力提倡洋学教育。尤其是到了1885年3月，福泽发表了著名的《脱亚论》，指出："我邦之国土虽处于亚细亚之东，其国民之精神已脱离亚洲之固陋，转为西洋之文明。然不幸有近邻之国……论及教育则必言儒教主义，学校教旨则称仁义礼智……毫无真理原则之知见……且傲然自大毫无自省之念。"① 在此，福泽针对中国和朝鲜的批判落实在了儒学，即认为儒学乃空谈之虚学，中国人更是"傲然自大"，丝毫没有"反思自省"之精神。也就是说，福泽谕吉真正批判的对象，是日本学者盲目崇拜朱子学的"奴隶心理"，从而强调日本自身的独立性或者主体性。

与福泽谕吉模仿欧美、排斥东亚的西方文明一元论的思潮相对应的，则是警惕欧美、协同亚洲的国粹主义思想的登场。实学派儒学家元田永孚（1818—1891）指出："维新以来，俄而模仿欧美文明，教育方法亦用其规则，学科精密，生徒增多，全国面目一变。然皆外面之装饰，长于才思技能之动而我邦之精神魂性乏，道德义勇之根底薄，虽欲养成国家柱石之才而不复可得。"② 因此，元田永孚于1879年为天皇起草了《教学大旨》，指出西式教育破坏了日本的秩序，形成了"唯洋风是竞"的流弊，故而建议："本祖宗之训典，专明仁义忠孝；道德

---

① 石田雄編. 近代日本思想大系 2——福沢諭吉集. 東京：築摩書房，1975，第 511 頁.
② 元田竹彦編. 元田永孚文書第 2 卷. 東京：元田文書研究会，1969，第 159 頁.

之学,以孔子为主……使大中至正之教学布满天下。"[①] 由此而推崇复兴以"仁义忠孝"为理念的儒教。元田永孚的主张得到明治天皇的赞同,不久就下旨指出:"教育之要,不只在知识才艺而已,而在明忠孝之道,知爱国之主义,重礼让,尚德行。"[②] 在此,一扫明治维新以来的西化之风,基于"日本儒学"的教育思想借助近代日本的国家主义立场而得以复活,且被赋予了所谓的"爱国主义"色彩,成为明治时代日本国民道德教育的指针。

与福泽谕吉、元田永孚的立场不同,作为明六社成员之一的西村茂树(1828—1902)则是在1886年发表了《日本道德论》一书。站在折中主义的立场,该书强调指出,"儒教"是"本邦哲学的根干",是"维护万世一系的天皇之位,正君臣之名分、美国民之风俗"的"基本药剂"[③],从而提倡以儒教为根本,援引西方哲学以入儒,创造出所谓"混合儒教"或者"道德立国"的近代日本道德体系。不仅如此,西村茂树进而提出,这样的道德教育应该由日本的"皇室"来加以统括,并希望建立起指导道德教育的责任机构。西村茂树的这一思想尽管区别于元田永孚的以孔子之教为基础而建立国教,由此来确立国民道德教育的思想,但是却将这一思想的根本更为直接地、更为适应性地落实到了日本的"天皇制",故而也成为1890年颁布的《教育敕语》的支撑思想之一。

简而言之,突出西方文明一元论的西学,复兴作为东方文化传统的儒学,进而落实到以日本的天皇为核心的国民道德论,在此构成了19世纪80年代日本的时代语境,也成为井上哲次郎试图编撰"东方哲学史"的时代背景。自19世纪80年代开始,以继承与发扬传统为

① 国立教育研究所編.改訂近現代日本教育史.東京:草木文化社,1990,第63頁.
② 渡辺幾治郎.明治天皇上卷.東京:宗高書房,1967,第315頁.
③ 山崎正一.近代日本思想通史.東京:青木書店,1980,第91～92頁.

目的的"日本主义"的思潮逐渐成为明治后期统括政治、经济、思想、文化等各个领域的主流，并构成了日本近代文化的基调之一。不过，这一时期的日本主义思潮并不是站在与"欧化主义"完全对立的立场，而是强调审视与批评日本的欧化主义的过激言行，同时也大力提倡日本乃至东方文化的身份地位，提倡东方文化也具有构筑起世界文化因子的重要价值。

那么，井上为什么会在这一时期关注到"日本儒学史"？对此，我们不得不回归井上哲次郎的个人体验。依照井上的描述，自 1884 年到 1890 年留学德国期间，井上哲次郎得以与欧洲哲学大家或者德国哲学者进行学术交流，既受到了来自外部的学术性的刺激，深感西方哲学的逻辑性与系统性，同时也认识到欧洲学者对于东方哲学的"无知"或者"偏见"，故而萌生了通过自身努力来建构东方哲学，以与西方哲学相媲美。①

1890 年，井上哲次郎结束了六年的德国留学生涯，回到祖国日本，随即以"东洋史学的价值"为题做了一场意味深长的演讲。井上提出："东洋人自己要深入研究来告诉西洋人，从而获取学术社会的普遍利益。这是日本人的义务。……要想展示日本发达进步的程度，就要研究史学，向欧罗巴展示日本的历史，让彼国知道。这是日本人的当务之急。"② 正如井上所指出的，为了区别于中国，为了展示日本的发达与进步，日本需要研究历史学，需要树立起自身的学问——东洋史学，更需要树立起"日本儒学"，这就是日本的当务之急。

在此，我们也不可忽视井上演讲中的这句话，即"东洋人自己要深入研究来告诉西洋人，从而获取学术社会的普遍利益。这是日本人

① 杉山亮. 明治期における儒教言説の考察について. 都法 58 巻 1 号, 2017.
② 井上哲次郎. 東洋史学の価値. 史学会雑誌（24）, 1891.

的义务"。这一段话中最为关键的在于两点，一个是"学术社会的普遍利益"；一个是"日本人的义务"。所谓"学术社会的普遍利益"，就是要将东洋人的研究、东洋人的学问置于一个普遍利益的立场来加以把握，从而找寻到这样的研究或者学问中可以与西方相一致、相媲美的共通利益之所在。所谓"日本人的义务"，也就是这样的工作是被西方人所蔑视的中国人无法完成的，只有日本人才可以代表东方，才可以完成这样的任务，这也许就是日本的"使命"。就这样，不管是时代语境还是当下考虑，井上哲次郎皆将"日本儒学"的编撰视为一个为日本而声明、向西方来展示的使命式的工作。

其次，井上在这期间还受到 19 世纪西方民族学的进化论学派的影响，尤其是斯宾塞的影响。斯宾塞是 19 世纪中叶西方民族学中进化论学派的代表性人物。进化论学派主要研究迄今为止人类社会文化的起源和发展过程，将达尔文的生物进化论引入社会学和民族学研究，其核心思想认为人类的社会文化和生物进化一样，是按照从简单到复杂，由低级阶段向高级阶段逐渐地发展。井上哲次郎尤为看重斯宾塞进化论的所谓"精神性"，尽管这并非斯宾塞进化论的本质特征，但是井上还是乐此不疲地加以"诠释"，并将之作为其"斗争"的武器和理论依据。井上的立场可谓是西方的进化论（民族论）、理想主义以及传统儒学佛教的伦理思想的综合。

二、作为国民道德的"日本儒学"的建构

井上哲次郎对"日本儒学"的撰写，落实到了"儒学三部曲"的创作之中。不过，令人倍感惊诧的是，井上最初撰写的却不是"日本朱子学派"，而是"日本阳明学派"。井上撰写《日本阳明学派之哲学》一书的直接原因，即在于 1897 年赴法国参加"万国东洋学会"之际受到的巨大刺激。如今，我们无法追索这次东洋学会的基调或者氛围

究竟如何，但是可以想象日本或者东方的哲学思想绝对没有获得过多的关注。正如井上在《日本阳明学派之哲学》之中尤为激愤地指出的："归国以来，越发感受到日本哲学的历史研究之必要性。"① 这样的一个语调，应该说与自德国留学归来之际提到的所谓"东洋史学的价值"的探究基本上如出一辙。

井上倍感历史研究的"必要性"，实则出自两大考量。依照井上的阐述，一方面，他认为，需要追究日本的"德教之渊源"。这样一个渊源，与其说是来自日本的神话，倒不如说更应该关注到当下。这一点也突显出了井上与所谓的神道学者、国学者之间的迥异。由此，井上找到了自己数十年来收集到的、自成体系的"阳明学派之哲学"，将之视为日本"德教之渊源"的所在。一方面，井上也提到要将之公布于世，以为"医治如今社会之病根之资"。也就是通过阐述陶冶国民之心性的德教的精神，谋求国民之道德心的进步。② 换言之，这一时期的日本在井上的心中已是"病态"的存在，且不少人包括井上更是认识到了"病根"的所在，这也就是"国民心性"的问题。需要将日本人拉入道德的层次，需要驱使日本人的道德心走向进步，也就是要具备一个"国民"的自我觉悟。

那么，井上哲次郎究竟是如何树立日本的德教，并就日本的阳明学派展开叙述的？首先，不可否认，就这部书籍的构成而言，井上一直尤为注重日本阳明学之祖——中江藤树的思想与地位，甚至在多年后的《重订日本阳明学派之哲学序》一书中高度评价他为"古今稀缺之崇高人格者"，并强调"本书要努力尝试探究中江藤树的思想学说对当时之日本如何形成影响，产生什么样的结果"。③ 中江藤树一开始

① 井上哲次郎. 日本陽明学派の哲学. 東京：富山房，1900，序言第 1 頁.
② 同上书，序言第 2 頁。
③ 同上书，序言第 1 頁。

从事朱子学的教学,曾仿照朱熹《白鹿洞学规》而作《藤树规》,而后对朱子学产生怀疑,并通过王阳明的弟子王龙溪的著作而接触到阳明学,而后作为阳明学者创立了日本阳明学派,被誉为"近江圣人",著述了《翁问答》《〈大学〉考》《〈大学〉解》《〈中庸〉解》等一批著作。

回归《日本阳明学派之哲学》一书,就该书的框架而言,井上哲次郎延续了传统传记的叙述方式,即按照"事迹、善行与德化、著书、文藻、学说、批判、藤树门人、藤树关系书籍、藤树学派"的顺序进行了解释,并突出强调了中江藤树的学说,即"叙论、宇宙论、神灵论、人类论、心理论、伦理论(理论的方面与实践的方面)、政治论、学问论、教育论、异端论"①十大类别。换言之,井上在此通过构建这样的框架结构,将阳明学或者说中江藤树的阳明学进行了一个犹如"西方哲学"式的整理与重塑,希冀以西方哲学的框架来重新把握阳明学派的思想脉络。

井上哲次郎的诠释活动体现在"体系"的尝试,尤其是借助西方哲学体系来重塑东方思想。在井上的这部著作出版之前,针对中江藤树的研究,出现较多的概念乃是"伦理思想"或者"宗教思想"一类的独立性话语。不过,井上采取了"十论"的方式对藤树的学说进行了统括,而且还回避了"宗教思想",沿用了"神灵论"一语,显而易见是为了尝试创造出一个"解释学"的框架。在此,我们姑且不论这一结构较之之前的日本学术思想的结构是否合理,或者说较之西周的哲学体系是否更为完善②,至少这一结构本身在《日本阳明学派之哲学》一书中并没有完全贯穿下去。在这之后,尽管井上列举了不少日

<hr />

① 井上哲次郎. 日本陽明学派の哲学. 東京: 富山房, 1900, 目次第 1 ~ 2 页.
② 陈晓隽、吴光辉:《"Philosophy"翻译的学际诠释与境位反思》,《学术月刊》2016 年第 3 期。

本江户时代的阳明学者，但皆止步于提纲挈领的介绍。即便是对于历史上最具影响力的大盐中斋（1793—1837），他也不过是罗列了"总论、归太虚之说、致良知之说、理气合一之说、气质变化之说、死生之说、去虚伪之说、学问目的之说"等八大学说。这一结构虽然较为完整地概述了大盐中斋的思想脉络，但若是与中江藤树的"哲学的系统的"划分比较，则完全是一种大盐式的"儒学式"的学术框架。由此可见，即便是试图构建起新的学术体系，但是井上自身却没有做到持续地阐述。这样一来，井上谋划的"儒教"与"哲学"之间的"嫁接"活动也就只能留下一个言犹未尽的遗憾。

如果难以自阳明学的"内部"来构筑起阳明学的"哲学框架"，那么是否可以通过井上创造的哲学思想来加以把握？对此，井上也进行了尝试。正如一部分学者所指出的，井上哲次郎经历了六年的德国留学，创立了"现象即实在论"①的哲学，《日本阳明学派之哲学》一书也因循了这一哲学立场。不可否认，在论述藤树的"宇宙论"之际，井上提到藤树将"死生有无同等对待，如同老佛诸说一样，超越了现象，达到了无差别的平等的实在"②之境界，也正是源自"现象即实在论"的哲学思维。但是井上并没有进一步对此加以深入的诠释。不仅如此，就这部著作整体而言，应该说这一哲学立场也并没有得以贯穿始终。倒不如说，井上尝试建立起一种体系框架，但是却遭遇到哲学与儒教的基本概念难以融通、不可调和的"藩篱"，最后也不得不回归到儒学或者阳明学本身的概念体系之中来加以阐述。

这样一来，井上展开"日本儒学"的阐述，也就不再是为了建立起一种东方思想独有的，且超越西方哲学的"逻辑"或者"方法"。

①　井上哲次郎.明治哲学界の回顧.東京：岩波書店，1932，第73～77頁.
②　井上哲次郎.日本陽明学派の哲学.東京：富山房，1900，第46頁.

可以说，这样一条道路在井上的 "哲学路径" 上呈现出一种 "断裂"。由此，我们也就可以想象到，井上走向或者回归到 "国民道德论"的实践场所的必然性。以 1891 年著述的《教育敕语衍义》为标志，井上哲次郎宣扬敕语的主旨就是 "修孝悌忠信之德行，固国家之基础，培养共同爱国之义心，以被不虞之变"。① 修孝悌忠信之德行，来自传统的儒学思想；培养共同爱国之义心，出自欧洲国家集权主义学说。在此，井上哲次郎将之结合在一起，以所谓的 "共同爱国"的理念来包容改造了儒学思想。到了 1912 年著述的《国民道德概论》，井上更是指出，所谓 "万世一系" 的皇统就是日本的国体。正是 "个别家族制度" 与 "综合家族制度" 的 "相即融合"，才构成了 "忠孝一本" 的国民道德。一言蔽之，井上哲次郎的根本立场即在于 "日本的国体是以万世一系的皇统为基础而成立的"。② 日本的国民道德也就是 "国体"——天皇制的道德。这也是井上哲次郎的 "儒学三部曲" 之考察的真正的落着点。换句话说，与其说是建构并完善自身哲学体系，阐明西方哲学概念比附下的阳明学思想的 "哲学性"，倒不如说最为突出地体现在现实性的 "道德" 精神的哲学解释这一层面。而且，其所论述的日本阳明学派，与其说是哲学性的探讨，倒不如说是历史考察性的研究，并将 "道德主义" 的树立作为根本的目标。

针对日本自身的传统，井上还在《日本阳明学派之哲学》一书中强调指出："德川时代的儒教应该分类为朱子学派、阳明学派、古学派、折中学派以及独立学派等，其中阳明学派仅以少数学者与志士得以维持，具有极为突出的特色。简而言之，其特色在于抱着犹如纯洁

玉石之动机，具有贯穿壮烈乾坤之精神。因此，这一学派尽管博学多识之学者为数不多，但高洁俊迈之君子与实践家却不少。"[1] 在此，可以看出，不论是"纯洁玉石之动机"，抑或是"壮烈乾坤之精神"等对阳明学的描述，井上尤其突出了阳明学之"高洁俊迈"和"实践"的本色，并强调了它对于树立新的道德主义的价值。

而针对日本的现状，井上指出："如今的日本，佛教之废弃，儒教之衰弱，武士道之不振，我国传统之道德主义可谓濒临灭绝之期，其状可谓存亡绝续之际。反观西洋之道德主义，则逐日输入我国，近来已具席卷我精神界之趋势。"[2] 也就是说，日本传统的"道德主义"即将在西方新"道德主义"的影响下濒临毁灭，值此生死存亡之际，井上呼吁强调日本的精神界、日本的知识分子必须对此抱有强烈的危机意识，树立起日本式的道德主义新观念刻不容缓。

那么，应该如何建立新的道德主义？对此，井上指出："据我之所见，由西方先哲康德、黑格尔诸氏所提倡之道德主义，其大体正确且顺应时代。为何如此，姑且不论，若是以之为基准，则应该与我国传统之道德主义合而为一也。"[3] 在此，井上进一步强调指出，西方的伦理以知识的探求为主，阳明学则主张通过"致良知"来实现道德的圆满。不过，学理之研究与心德的磨炼不可或缺，因此，应该不偏不倚地"将东西洋道德的长处合而为一，打成一团，则可实现古今未曾有之伟大道德"。[4] 我们可以看出，井上主张之本质在于融合东方与西方的"道德主义"，由此来构建道德主义为核心的东方哲学。

---

① 井上哲次郎. 日本陽明学派の哲学. 東京：富山房，1900，序言第 3 ～ 4 頁.
② 井上哲次郎、蟹江義丸編. 日本倫理彙編第 1 巻. 東京：育成会，1901，第 1 頁.
③ 井上哲次郎. 日本陽明学派の哲学. 東京：富山房，1900，序言第 3 ～ 4 頁.
④ 同上书，第 631 页.

不过，与宣扬日本国粹主义的学者三宅雪岭（1860—1945）的比附性的哲学研究不同，深受德国哲学熏陶的井上哲次郎可以自由地借助西方哲学的概念来阐述朱子学与阳明学之迥异。不仅如此，立足于自身的"现象即实在论"，井上也尝试站在一个自我设定的体系内部来阐述日本阳明学派之"哲学"。不过，正如前文所指出的，这样一个体系的阐述呈现出了"断裂"且"前后不一"的现象，也预示了井上的体系尝试走向终结。

井上哲次郎之所以展开儒学的研究，其落着点应该在于近代的道德主义的树立。之所以如此，一方面来自其"官学重镇"的本然反映，一方面来自新的哲学的创造之目的。在《国民道德概论》一书中，井上哲次郎提出："国民道德的内容包括日本固有的精神及日本民族的精神，儒教，佛教，西方文明四个方面。其中日本民族精神是国民道德的精神，是国民道德的精髓和灵魂。佛教和儒教虽为外来之物，但长期以来已为日本国民性所同化，并已吸收为日本国民道德之内容。"[1]而针对明治时期的西方文明则指出："西方文明对日本近代文明产生巨大影响，西方文明内容丰富复杂，包括宗教、科学、哲学、文化等，对于日本文明而言是异质之物，但却有很大之影响力。但鉴于日本对佛儒吸收同化之经验，最终也会被日本吸收。"[2]在《明治哲学界的回顾》一文中，井上哲次郎继续强调指出："我自己在研究西方哲学的同时，也没有懈怠于东方哲学的研究，我是以谋求二者的融合统一为己任而不断地努力。"[3]在此可以看出，与同时期的其他哲学者不同，井上哲次郎更为注重的是东西方的日本式的融合统一。

---

[1] 井上哲次郎.国民道德概論.東京：三省堂，1912，第6～7页.

[2] 同上书，第10～11页。

[3] 井上哲次郎.明治哲学界の回顧.東京：岩波書店，1932，第86頁.

　　概而言之，井上哲次郎尝试将阳明学、朱子学"体系化"，绝不是说这样的"学问"自身具备了西方意义下的"体系"，更不是什么"哲学"。而且，井上之所以梳理阳明学和朱子学的脉络，是为了对抗西方。就此而言，正如日本思想史学者高坂史朗所说，虽然井上哲次郎尝试重新解读传统思想，建立以宇宙论为起点的哲学思想体系，但是"这只不过是将儒学史改头换面地解读为哲学史而已"。[①] 不过，井上哲次郎站在历史视角针对"东亚"儒学史的整理活动却收获了一个仿佛带有必然性的结果。即与其说井上哲次郎梳理、树立起了阳明学、朱子学的"学派"或者"谱系"，倒不如说在"日本朱子学""日本阳明学"的范畴之中，更为注重"日本的"的价值。换言之，日本朱子学、日本阳明学、日本的国民道德论，井上哲次郎认识到的是共通的"日本的"这一范畴，也就是最大公约数。这样一来，他的选择就具有了一种另类的"合理性"。

三、作为文明调和的"日本儒学"的架构

　　承前所述，井上撰写"儒学三部曲"的目的在于面对西方来重塑日本，或者以日本为代表的东方传统，构建"日本儒学"在于树立起国体性的"国民道德"，那么，这样的"日本儒学"的架构究竟呈现为什么？换言之，井上哲次郎撰写了"儒学三部曲"，尝试构建"日本儒学"，是否真正地实现了最初的目标，也就是"东西文明的调和"？

　　首先，尽管井上尝试构筑的"方法论"或者"逻辑体系"难以贯穿到底，出现了巨大的"断裂"，故而不得不回归到儒学本来的概

---

① 〔日〕高坂史朗：《东洋与西洋的统合》，吴光辉、林斌译，《日本问题研究》2012 年第 3 期。

念范畴之中。但是,作为一种尝试,井上始终在孜孜不倦地借助西方哲学概念去阐述儒学思想,并为之付出了持续的努力。以中江藤树的"学说"的开篇《宇宙论》为例,井上直接指出"藤树的宇宙论是'一元的世界观'(monistische weltanschauung),而且带有了'唯心的'(idealistisch)倾向,达到高尚之哲理的境界";[1]在《神灵论》中,藤树使用的概念"上帝",被解释为带有"人格"(personlichkeit)性的存在;[2]在《伦理论》中,井上指出德国哲学家叔本华的伦理学观点和中江藤树的良知论相似。[3]不仅如此,德国哲学家康德、叔本华等西方哲学人物以及哲学观点也出现在了解释的文字之中。[4]顺便提一下,井上认为:康德和叔本华的先天自由和藤树的"当下自在"即"当下不昧的良知"一致,皆有"自由自在之意"。就此而言,井上一直在努力地"嫁接"东西方之间的哲学思想,谋划着搭建起一道相互理解、彼此诠释的桥梁。

在此,我们也不得不指出,井上也不可避免地遭遇到概念诠释的问题,尤其是核心概念如何加以解读区分的问题。以王阳明提倡的"良知"一语为例,近代日本伦理学者、京都大学教授大西祝(1864—1900)将之把握为"良心",站在西方哲学的立场进行了一种全新的诠释。但是,井上哲次郎通过自身的理解与研究,指出中江藤树所谓的"良知"与大西祝所谓的"良心"截然不同。井上认为,所谓"良心"可分为先天性的与经验性的,近代的伦理学者阐述的是经验性的,中江藤树的"良知"则是兼顾了二者。[5]换言之,井上在

---

[1] 井上哲次郎. 日本陽明学派の哲学. 東京: 富山房, 1900, 第 42 頁.

[2] 同上书, 第 49 页。

[3] 同上书, 第 87 页。

[4] 同上书, 第 92 页。

[5] 同上书, 第 74 页。

借助西方哲学概念进行诠释的同时，也区别于同一时期的日本哲学者，关注到了东方思想概念的重新诠释的问题。

其次，依照井上哲次郎的划分逻辑，正如学者邓红所指出的，井上为江户的阳明学派设计了一个对立面——朱子学派。然后根据正反合原则，把中立于阳明学和朱子学之间的学者划归为"古学派"，把企图折中二者矛盾的学者划归为"折中学派"，把都不沾边的学者通通划归为"独立学派"。①这样一来，井上的"日本儒学"建构就既出现了所谓的"正统"，亦出现了所谓的"异端"，且根据时代的需要与自身的取舍而进行了价值判断。就此而言，较之长期处在"官学"地位的朱子学，井上更为欣赏注重实践的阳明学派的哲学思想。但是，与阳明学注重个人心性不同，井上令人惊诧地发现了"朱子学"在近代日本所具有的无与伦比的价值。

在《日本朱子学派之哲学》的序言中，井上强调指出："朱子学派的道德主义，虽在所谓自我实现学说的形式方面存在着不同，但在精神实质这一方面，由康德、黑格尔诸氏而兴起的道德主义却是如此自然地暗合。"②从而证明了朱子学具有的"普遍主义"的价值。不仅如此，井上还进一步指出："此道德主义可以通古今、贯东西，东西洋道德的长处合而为一，则可以实现古今未曾有之伟大道德。"③归根结底，井上试图主张的根本，不在于阳明学或者朱子学，而是在于东方与西方的"道德主义"的融合，由此来树立起以道德主义为核心的东方哲学，更为注重的在于东西方的日本式的融合统一。这样的融合统一，也就是"日本儒学"的创造。

---

① 邓红：《何谓"日本阳明学"》，《华东师范大学学报（哲学社会科学版）》2015 年第 4 期。

② 井上哲次郎. 日本朱子学派の哲学. 東京：富山房，1905，序言第 3 頁.

③ 同上。

　　再次，嫁接东西方哲学思想，融汇阳明学与朱子学，关键在于落实"日本儒学"，对此，井上哲次郎推导出来的结论，就是作为"日本文艺复兴之新学"的日本古学派之哲学。古学派的哲学犹如"气运一转"一般推动了"文艺复兴"①，日本出现了不同于朱子学和阳明学的"新学"。在井上的眼中，"古学派不管是山鹿素行，还是伊藤仁斋，抑或是荻生徂徕，均主张活动主义，以反抗宋儒的寂静主义"。② 不仅如此，井上还指出："如果日本的古学持续研究下去，必会超越儒学之范畴，开启思想独立之先端，建构日本的国民哲学。"③ 事实上，围绕古学派的探究，井上始终注重"道德论""宇宙论""国体论"的范畴内容，换言之，在这样的范畴设定中，井上就预设了以古学派哲学为根基的"日本儒学"；针对朱子学、阳明学，也就是中国儒学的批判性格，更是预设了以明治时代的"国民道德论"为归结点的"根本前提"，从而确立了通过批判朱子学的伦理观念来论证、梳理日本古学的合理性的"根本途径"。

　　井上哲次郎困囿于"批判"的逻辑思维，梳理了日本阳明学的思想轨迹，批判了朱子学的寂静主义，确立了古学派的批判精神，是否就超越了"中国儒学"的范畴，成功地建构起了"日本儒学"的框架？对此，我们或许需要深入井上哲次郎的所谓"日本儒学"的本体之中来加以解读。就这一本体而言，井上可谓是将之落实到"武士道"的诠释之中。针对古学派的学者山鹿素行（1622—1685），井上进一步指出："山鹿素行本身就是武士道的化身，即武士道的权化'verkorperung'……素行不仅有学识，还以武士道为胚胎，通晓并深

---

① 井上哲次郎. 日本古学派の哲学. 東京：富山房，1902，叙論第 1 頁.
② 同上书，第 4 页。
③ 同上书，第 707 页。

入研究儒、佛、道三教，作为兵家亦持有了一流的见识。"① 也就是说，井上将山鹿素行标榜为"武士道"的权威和祖师。针对伊藤仁斋（1627—1705），井上指出：伊藤主张的道德论与山鹿素行的武士道论实质上不谋而合，皆反映了日本民族的特有精神，即"作为日本民族的特质而显现出来的武士道"。② 针对荻生徂徕，井上则是采取批判的态度，指出荻生徂徕崇拜中国的行为"滑稽之至且毫无价值"，不过是一个"浮躁之徒"。③ 由此可见，井上将"日本儒学"的建构落实在了对古学派的批评中，而且这样的批评亦呈现为针对中国崇拜的批判，针对日本道德——武士道的重塑。换言之，井上哲次郎在"日本儒学"的建构中，存在着宣扬武士道、贬低中国儒学的根本趋向。

一言蔽之，井上哲次郎的"日本儒学"的架构，呈现了重塑日本阳明学、日本朱子学、日本古学派的"宏大叙事"，但是究其根本，与其说这样的学派是否存在，这样的叙事是否成功，更为关键的在于究竟是为了什么而展开诠释与建构，究竟树立起了什么样的架构。就此而言，井上不过是利用儒学的概念来装扮和宣扬所谓的日本的精神或道德，并赋予这样的"日本儒学"更具优越性、更具未来性的地位。在这样的过程中，无论是来自中国的儒学，还是来自西方的哲学，皆不过成为"日本儒学"的注释而已。

四、审视与评价

审视井上"儒学三部曲"的撰写内容和路径，可以说实现了三大转换。首先，井上通过或是将朱子学排斥为"外学"，或是将其"伦理

① 井上哲次郎. 日本古学派の哲学. 東京：富山房，1902，第88页.
② 同上书，第293页。
③ 同上书，第523页。

学"部分抽出,认为可以接近"西方伦理学",从而将之转换为可以为近代日本天皇专制政体服务的"国民道德论"。其次,朱子学和阳明学本是以"普通的人"作为对象的学问,井上转换为以"日本国民"为对象的国民道德论,其中潜藏着日本与中国、东方与西方对抗的逻辑。最后,井上的关注焦点在于儒学中的"有无"的问题,这本是一个"是与非"的问题,二者之间的错位导致了"东亚儒学"的内在冲突。

通过考察井上"儒学三部曲"的撰写目的、建构目标与落实之处,可以把握井上之所以树立"日本儒学"的问题之所在。第一,井上哲次郎"日本儒学"的撰写是以所谓的"时代使命"为出发点,故而尤为注重时代精神的自我展现,缺失了哲学式的逻辑起点。第二,井上哲次郎"日本儒学"的建构在面对西方哲学之际,遭遇到无数的"困境",井上却将这一问题转化为以"日本国民"为对象的国民道德论,凸显出了明治日本的政治需要。第三,井上树立起来的"日本儒学"的架构最后落实到了日本独特的"武士道",体现为所谓的"日本精神"。就此而言,井上哲次郎所谓的"日本儒学"的撰写、建构与落实,实质上不是为了彰显"儒学"本身,而是以此为媒介来实现"日本精神"的创造,从而体现日本"天皇制国体"的存在。

通过以上分析,或许我们可以认识到这样的"日本儒学"建构的一种"虚妄性"。首先,井上哲次郎的"日本儒学"的撰写在一开始就缺乏了"哲学"的根本性,是以所谓的"时代使命"为出发点,故而也就流于时代精神的自我展现,而缺失了哲学式的逻辑起点。这一点恰如井上哲次郎的弟子西田几多郎的哲学历程所示,将"纯粹经验"这一范畴始终不变地把握为逻辑起点,且将之确立为了"唯一的实在"①，故而才得以建构起真正的"日本哲学"。

其次，井上哲次郎的"日本儒学"的建构遭遇到了框架、体系、概念、逻辑的问题，也就是面对西方的哲学而陷入无数的"困境"之中，但是井上始终把持了一点，就是要将这样的一系列问题转换为日本独特的"国民道德论"。不管是如何迥异于西方的哲学，或者是遭遇到巨大的对抗，井上始终坚持了这一点，即将它们转化为以"日本国民"为对象的国民道德论。这一点也正是明治日本的根本需要。换言之，井上所进行的任何一个操作，皆是为了这一目的。

最后，就是井上树立起来的架构是否成功，最后落实到了哪里这一问题。不言而喻，日本究竟要以一种什么样的面目屹立于世界之林，或许单纯地依靠被日本改正了的"阳明学"或者"朱子学"，实在难以摆脱与中国这样的"恶友"（福泽谕吉《脱亚论》）交织在一起的"命运"，因此，借助中国的儒学，构筑起"日本儒学"，再假托这样的名义来就历史上的学问加以辩驳批判，这也就是井上哲次郎重塑传统的目的与价值。在这一过程中，所谓"日本儒学"之名实则难以为继，由此也就落入了时代的沉滓之中，更是被转向所谓的"日本精神"。

概言之，井上哲次郎所谓的"日本儒学"的撰写、建构与落实，构成了明治时代的新传统，凸显出针对西方文化的冲击而产生的来自东方文化的自我觉悟。但是，究其根本，这样的撰写、建构与落实不过是井上哲次郎基于概括东方传统、对抗西方哲学，且将这样的活动"装饰"为东西两洋"打成一丸"，从而谋求树立所谓"日本精神"的一种比附性的自我诠释而已。这样以自我诠释为目的的活动，实则既是一个"建构"的表象性的活动，同时也始终不曾摆脱一个所谓"日本儒学"的"虚构"的根本性的事实。

---

① 〔日〕西田几多郎：《善的研究》，何倩译，商务印书馆，2010 年，序言第 5 页。

表 3-1　井上哲次郎《日本阳明派之哲学》的学说分类

类　别（学派及重要人物）	学　说
中江藤树及其藤树学派（中江藤树、熊泽蕃山）	宇宙论 神灵论 人类论 心理论 伦理论（理论方面和实践方面） 政治论 学问论 教育论 异端论 宗教论
藤树、蕃山以后的阳明学派（佐藤一斋）	理气之说 命数论 精神和身体之说 善恶之说 死生之说
大盐中斋及其中斋学派（大盐中斋）	归太虚之说 致良知之说 理气合一之说 气质变化之说 死生之说 去虚伪之说 学问目的之说

资料来源：井上哲次郎. 日本陽明学派の哲学. 東京：富山房，1900，目次第 1～7頁.

表 3-2　井上哲次郎《日本古学派之哲学》的学说分类

类　别（学派及重要人物）	学　说
山鹿素行	宇宙论 道德论 国体论 异端论 武士道论

续表

类　别（学派及重要人物）	学　说
伊藤仁斋及其仁斋学派	宇宙论（一元气论、气先理后说、万古无穷论、生生主义） 道德论 学问论 教育论 异端论 宋学论
荻生徂徕及其徂徕学派	道德论 学问论 教育论 异端论 宋学论

资料来源：井上哲次郎.日本古学派の哲学.東京：富山房，1902，目次第1～9頁.

表3-3　井上哲次郎《日本朱子学派之哲学》的学说分类

类　别（学派及重要人物）	内　容
京学及其藤原惺窝系统（藤原惺窝、林罗山、木下顺庵、雨森芳洲、安东省庵、室鸠巢）	事迹 著书 学说 门人
惺窝系统以外的朱子学派（中村惕斋和贝原益轩）	事迹 著书 学说 门人
南学及其暗斋学派（山崎暗斋）	事迹 著书 学说
宽政以后的朱子学派	事迹 著书

类　别（学派及重要人物）	内　容
宽政以后的朱子学派	学说 门人

资料来源：井上哲次郎.日本朱子学派の哲学.東京：富山房，1905，目次第1～8頁.

小　结

　　井上哲次郎作为日本明治学院派哲学的创始人之一，其诠释和建构所谓"明治哲学"的特点在于：

　　第一，就立场而言，正如井上在《明治哲学界的回顾》中对自己的哲学方法和立场的回顾和总结："我的哲学方法论，在西方研究哲学时，有如模式那样对脑子里装着的希腊以来的哲学进行考察。而在我国，明治以后引进了西方哲学，那么要采取怎样的研究方法呢？总之是西方式的考察。所谓哲学，就是把古希腊经中世纪，直到近代欧洲，特别是德国的哲学作为哲学进行研究，或者是抱着作为西方哲学的延长或继续的想法来进行探索，认为与西方哲学无关的即不是哲学。在此，作为方法论，我认为有很大的错误。说到底，这是西方哲学家只把古希腊以来的哲学作为哲学考察的错误。印度哲学和中国哲学也应列入考察范围。可是不咀嚼东方哲学，单纯接受和推销西方哲学，试图翻译性地介绍性地进行烦琐的罗列，这是重复鹦鹉学舌的状态，甚是缺乏真正活跃的哲学精神，令人吃惊。特别是在宗教和伦理领域，必须将东西方的哲学史实记在脑中，加以咀嚼消化，进而在推进其发展上有所抱负。因此，我在研究西方哲学的同时，不敢怠慢东方哲学的研究，并努力试图将两者融合统一为己任。这一方法论是我向思想界提出的最有力的一点。"① 也就是说，井上哲次郎以西方哲学特别是德国哲学作为方法或者工具，以期将东西方哲学融汇合一，并作为普世的学问加以传播。而井上为对抗启蒙时期的个人主义、物质主义而采取国家至上主义、精神主义的立场；在方法上，在综合东西方哲学上，井上是机械的折中的综合，是以传统日本思想的优越性为根本前提的。

第二，从目的来看，井上哲次郎致力于西方哲学的介绍与导入，特别是在他的推动下，康德与黑格尔等的德国古典哲学大量进入日本；同时，儒教运动乃至国家神道也走出困境不断兴起，但是，以井上哲次郎为代表的明治时代的学院派的"哲学家"，只是简单地将"哲学"，即西方近代哲学与传统的儒教、佛教思想"嫁接"在了一起。由此，佛教与儒教也就理所当然地成为"哲学"，而且是作为接受近代西方哲学之基础的东方"哲学"，自然地、直接地与近代思想接轨。可以说，井上存在着针对西方哲学的自我诠释，更存在着为了历史或者现实的需要而不得不展开的"误读"，其根本目的在于借助西方哲学和东方的儒学来触发自我本身，以实现与日本精神相融合，最终构建"日本式的天皇制"下的国民道德。

第三，正如西田在 1935 年为《思想》杂志撰写的一篇《东方思想与西方思想》的短文中所提到的："学问的核心在于持有了一种生命。我们将西方的学问拿来，将它移植到与西方传统完全不同的东方体系之中，它的学问的生命也必须加以完全改变。我们不能简单地将它视为一种工具式的结合。"② 也就是说，西田认为始终作为"他者"而存在的西方哲学或者西方思想，对于东亚或者日本而言，原封不动

---

① 下村寅太郎、古田光编.现代日本思想大系第 24 卷.東京：築摩書房，1965，第70頁.
② 茅野良男、大橋良介編.西田哲学：新資料と研究への手引き.東京：ミネルヴァ書房，1987，第 39 頁.

地接受或者进行日本式嫁接，不能为日本所消化，在此，可以说西田也对井上哲次郎的哲学建构进行了潜在的批判。

那么，明治以后，作为"西田哲学"创立者的西田几多郎究竟如何予以践行？他又是如何回归日本，从而真正地把握"哲学"？西田几多郎是否完成了"日本哲学"的建构？井上哲次郎"打成一丸"的任务到了西田几多郎是否得以完成？带着这些问题，我们可以通过第四章来探索"西田哲学"的建构之路。

第四章　西田几多郎与作为
"日本独创"的西田哲学

作为井上哲次郎的学生，日本京都大学教授西田几多郎曾在1935年《东方思想与西方思想》一文中就井上所谓的"东西哲学的融合"提出了潜在的批判："将西方哲学与东方哲学进行比较，也许会有人为了寻找到外在的相似之处而沾沾自喜，认为儒教思想在日本得以实现，但是我认为不管怎么觉得相同，它们之间也存在着根本的差异之处。"[①] 这一批判无疑是针对井上哲次郎阐述的言论，更针对日本思想界这一时期流行的所谓"日本主义"的思潮。

针对西田几多郎的评价，迄今为止大多数学者将之把握为"日本哲学"的确立者，或是认为"西田继承和完善了井上哲次郎首倡的'现象即实在论'。并在某种思潮中发现自己思想的原点，将其不断雕琢修饰，为此耗费一生"。[②] 或是强调西田实现了东方思想，尤其是佛教思想与西方哲学的嫁接、融合，成就了"日本哲学"。[③] 但是，西田几多郎究竟如何认识"哲学"？是否存在着针对西方哲学的诠释与误读，还是回归日本，从而真正地把握和建构日本的"哲学"呢？

---

① 茅野良男、大橋良介編. 西田哲学: 新資料と研究への手引き. 東京: ミネルヴァ書房，1987，第39頁.
② 舩山信一. 舩山信一著作集第六巻. 東京: こぶし書房，1999，第60頁.
③ 卞崇道:《融合与共生——东亚视域中的日本哲学》，人民出版社，2008年，第310～311页。

第一节 西田几多郎研究哲学前的思想轨迹

西田几多郎在 1930 年发表的论文《作为场所的自我限定的意识作用》中，总结道："哲学源于我们自身的自相矛盾的事实。哲学的动机不在于'惊诧'，而必然是源自深刻的人生的悲哀。"而在 1932 年的《无的自觉限定》一书中西田再次指出："哲学是基于'内心生命的自觉'，我认为人生的问题不只是哲学的问题之一，倒不如说人生的问题就是哲学本身的问题。哲学的真正的动机，就在于我们的行为的自我的烦恼。"[①] 可以说，遍历人生的悲哀是其哲学的起点。那么西田为什么要用"人生的悲哀"来形容自己哲学的起点呢？这要从西田几多郎的人生经历和思想轨迹开始考察。

一、从小学到"四高"时代

西田几多郎出生于明治新政府刚刚建立三年的 1870 年，故里石川县河北郡宇气町，是濒临日本海的一个滨海小村，西田家是祖居这里的一户大地主。作为一个几代担任村长职位的富裕世家的长子，西田几多郎自小学起便怀有强烈的求知欲，憧憬学问。1882 年小学毕业后他的求学热望受到了第一次打击，其父西田得登不允许他去金泽上中学。实际上，其父得登并非反对儿子学习，而是因为西田几多郎是长子，担心他外出念书之后不再归村继承其地主家业。经母亲和在金泽女子师范学校念书的姐姐劝说，父亲同意西田几多郎上师范学校，以期将来回村当小学教师。1883 年 7 月，西田几多郎考入石川县师范学

---

① 西田幾多郎.西田幾多郎全集第 6 卷.東京：岩波書店，1979，第 178 頁.

校，同年全家也迁入金泽市。就是这一年，西田几多郎的大姐因病死去，这使他第一次品尝了生离死别之苦。入学仅一年多，西田几多郎便因病休学一年。明治初期文明开化之风吹到了"充满封建臭气"的"城下町"金泽，西田几多郎通过学习数学、英语等新知识，脑海中渐渐展开了一个新的文化与学问的世界，在认识上获得一次飞跃。过去，西田心目中的学者就是小学教师那样的人，现在他感到小学教师与学者完全不一样，师范学校不是培养学者的地方，他因此而决定退学。

经过一个时期的自学，西田几多郎于 1886 年 9 月作为补缺被编入石川县专门学校初中科第二级，这所学校原是藩校，不受明治政府约束，充满着自由的气息。就整个社会而言，明治十九年（1886）前后日本欧化主义达到顶点（以"鹿鸣馆"为象征），自由主义思潮自然也波及石川县专门学校。尤其是这所学校以学习外语为主要目的，因此，摄取西欧近代文化成为学生们巨大的学习动力源。在充满着新时代气息的学校里，西田几多郎贪婪地学习新文化和科学知识，立志成为承担新时代大任的学者。

时隔一年，明治政府下达新的教育令，石川县专门学校于 1887 年 9 月改称为第四高等中学校（略称"四高"，相当于中国的高中），直属文部省管辖。新的教育政策要求完善以适应国家秩序需要为教育目的的学校制度，从而为之后的国家主义教育打下了基础。在这种教育思想的指导下，改为国立的四高校风骤变，即由充满自由、亲情的学校变为循规蹈矩的"武断的学校"。血气方刚、豪放不羁的青年西田，强烈不满当局新的教育方针，屡屡缺课、违规，以至于在公布"明治宪法"的日子里，他和一些人"举着'顶天立地自由人'的字牌"进行游行。[①]1889 年 7 月，他因"行为不轨"而受到处分成为留级生。可他不

---

① 　西田幾多郎.西田幾多郎全集第 12 卷.東京：岩波書店，1979，第 248 頁.

屈服于校方压力，最终在 1890 年从四高退学，决定自学。他认为，与其受学校约束，不如居家自由读书，"什么事情都要以独立独行去开辟新途"。①

二、选科生的冷遇与哲学志向的抉择

从四高退学后，未及一年，西田几多郎因患眼疾被禁读书，加之父亲事业失败，家业濒于破产。可以说不幸集于一身，他的"独立独行""向往学问"的条件随之消失。然而，西田几多郎的母亲深知儿子的心愿，并且坚信儿子一定能做出学问。因此，她千方百计筹措学费，带着儿子上东京，劝他"屈节"应考东京大学文科大学哲学选科。1891 年 9 月，西田几多郎进入该校的哲学科。

进入选科后，西田几多郎备尝作为选科生的失望和屈辱。据说东京大学选科生待遇很差，没有到图书馆阅览室读书的自由，没有进书库自由检阅图书的权利。他回忆说："当时的选科生实在是惨"，这样下去，"以后可能变成睁眼瞎"，"较诸不久前还是一起的四高学生，我忽然置于如此悬殊的待遇下，感伤之心油然生起。在一隅之地渺小地度过了三年之久"，"总感到似乎已成了人生的落伍者"。② 学生时代坎坷接踵发生，给予西田几多郎以沉重的精神打击，以至于感到前途暗淡无光。但是，挫折和屈辱并没有使他丧失"独立独行"的精神，他遵循儒家文化的"克己"之路，重新振奋起来，专念于求知。

如上所述，西田几多郎考取的是东大哲学科选科。那么，他为什么要选择哲学科呢？实际上，这个在四高时就已基本确定了。1888 年，当他读完预科升入四高时，就曾面临抉择未来事业的问题，即是进理科

---

① 西田幾多郎. 西田幾多郎全集第 18 卷. 東京：岩波書店，1980，第 248 頁.
② 同上书，第 242、170 页。

班，还是进文科班？他在后来回忆当时的困惑时说："对于我来说，四高也是必须决定将来专业的时期。许多青年也和我一样，曾为此问题所困惑，是学数学，还是学哲学呢？这尤其是我难以抉择的问题。某位尊敬的先生劝说我学数学：哲学不仅需要逻辑思维能力，还要有诗人般的想象力，不知你是否有那样的能力。这当然很在理，我也没有否定它的自信。尽管如此，我还是无论如何也没有把一生付诸枯燥无味的数学的心愿。虽然怀疑自己的能力，但最终还是选择了哲学专业。"①

使西田几多郎对哲学发生兴趣的触媒是什么呢？许多资料表明，这个触媒就是井上圆了（1858—1919）的著作《哲学一夕话》。井上圆了是明治时代著名哲学家，1885 年从东京大学哲学科毕业，1886 至1887 年便出版了颇具影响的著作《哲学一夕话》。此时，西田几多郎正在四高预科读书，他读了《哲学一夕话》之后，放下了数学而产生了学哲学的念头。关于这一点，西田后来的弟子高坂正显在《西田几多郎先生的生涯与思想》一书中说："假若要问先生读过哪些哲学家的书的话，先生曾回答：'读过井上圆了的《哲学一夕话》。当然你们不会知道，读了此书深受感动'。"②1888 年升入四高一年级后，他便开始自由地阅读哲学著作。除了阅读当时流行的穆勒、斯宾塞的著作之外，他还读了英译本康德的《纯粹理性批判》和黑格尔的《逻辑学》以及明治时代著名唯物主义哲学家中江兆民的《理学钩玄》等哲学著作。对于抱有进步思想、追求上进的高中学生来说，这些哲学著作，使他增强了弄清"顶天立地自由人"的思想根据，即"探究宇宙间真理"的决心。从这个时期西田几多郎的信件中可以看出他曾受到唯物主义的影响，并且此时的唯物主义倾向是与无神论的、反宗教的倾向

---

① 西田幾多郎. 西田幾多郎全集第 18 卷. 東京：岩波書店，1980，第 169～170 頁.
② 高坂正顕. 西田幾多郎先生の生涯と思想. 東京：創文社，1971，第 17 頁.

相结合，这无疑是受到中江兆民《理学钩玄》的影响所致。

大学期间，西田着力于康德伦理学和休谟哲学的学习，并且以不劣于同级本科生的毕业论文《休谟哲学论》，于 1894 年 7 月，从东京大学文科大学哲学选科顺利毕业。

三、哲学研究的起步与参禅打坐

因在京就职困难，西田几多郎毕业后不得不回故乡金泽谋职。然而由于出身于大学的选科，加之没有要人荐举，他在金泽市内连个中学教员的职位都找不到。毕业即失业，这使西田在精神上又一次受到挫伤。但这一系列的挫折反倒激发西田更加潜心于思考人生的意义。他在暗淡的境遇中利用失业时间，开始热心研究格林（ T. H. Green, 1836—1882 ）的《伦理学绪论》(*Prolegomena to Ethics*)，撰写了论文《格林伦理学》，并发表在《教育时论》上（1897 年山本良吉编著的《伦理学史》出版，西田的《格林伦理学》被作为一章收入)。尽管西田在文中批评了格林的《伦理学绪论》并无新意，但是他感到格林的哲学"大体符合本人之意，颇有意思"。可以说，格林就是西田哲学的出发点。

西田几多郎在大学选科读书时就接触到格林的思想，这一方面是他在研究休谟哲学时可能知道了格林的观点，另一方面是中岛力造在教学中曾讲授过格林的《伦理学绪论》。现在，西田几多郎通过阅读原著，感到格林哲学与自己的思想相通，这主要是指西田几多郎当时把追求人生价值与意义作为自己哲学研究的主要课题，与格林的"自我实现论"相吻合，这也表明日本思想界已经与明治初期以穆勒的功利主义和斯宾塞的进化论为基础的启蒙主义哲学彻底诀别，而以理想主义为形态的观念论倾向则成为思想的主流。

几经周折，西田几多郎终于找到一份乡村教员工作，1895 年他到石川县能登寻常中学七尾分校任初中教员，一年后重返金泽，任四高讲师。此时，西田几多郎已经与姨表妹山田寿美结婚。对于这门婚事，西田几多郎的父亲一直反对，结婚刚刚两年，西田几多郎被迫与妻离异。在四高任教时又因卷入学校纠纷，终被校方免职。西田几多郎陷入极度的苦痛之中，但他没有在重压下倒下去，当然，这种压力并没有促使他去深刻地思考社会的、历史的原因，从而外向地进行反抗与斗争；相反，他更加内向地去思考自我的实存与价值。为了抗拒"人生的悲哀"，求得心理与精神的平衡与稳定，西田几多郎不得不求救于宗教。

1896 年西田几多郎借长女出生之机，正式开始向禅，"参拜雪门禅师，聆听妙语"。其实，西田早在四高读书，寄宿恩师北条时敬家宅时，就因北条跟雪门禅师学禅之关系而多次参拜国泰寺。在东京读选科时，也曾与铃木大拙（1870—1966）一同去镰仓圆觉寺坐禅。雪门禅师先在国泰寺主持，后开洗心庵。西田从 1897 到 1910 年一直跟随雪门大师参禅，雪门还专为他起了法号"寸心"。从他的"晨打坐、昼打坐、夜打坐"的日记中，可以想象到他是全身心地投入参禅之中，并且在内心展开静与动的格斗，把参禅向心灵深处引申。

从 1897 到 1899 年，西田几多郎在山口高校开始两年的任教生活。而后从 1899 到 1909 年西田回到金泽，受聘于四高教授，此间十年没有离开金泽。这个时期，他除了有稳定的教师职业，家庭也因与妻子复婚而变得安宁。根据西田几多郎的回忆，金泽的十年是他人生中最美好的时光。可是，西田并没有因现实生活中矛盾的解决、精神的稳定而停止参禅修行，相反，他不但继续修行，而且更加潜心和专注。每逢暑假，西田几多郎还坚持专程去京都向妙心寺的虎关大师、大德寺的广州大师、国泰寺的瑞云大师学禅。西田在日记中曾说："余为学而坐禅，误也。余应为心，为生命，在见性以前不去考虑宗教及哲学。"[1]

---

[1]　西田幾多郎.西田幾多郎全集第 1 卷.東京：岩波書店，1978，第 117 頁.

也就是说，西田在未达"见性"（开悟）之前，甚至连读书和哲学研究都放下了，全心致力于"安心"坐禅。1903 年 8 月 3 日，西田几多郎在大德寺透过无字公案，以此见性体验为界，才重新步入按照悟得的真理研究哲学的道路，并开始撰写一系列讲义草稿。

按照西田弟子、京都学派代表学者西谷启治（1900—1990）的评价："禅对于先生（西田）最大的一个贡献，我认为是在其思索的道路上提供了不管如何都要开辟出自己道路的巨大勇气。这样的勇气或许也是先生与生俱来的，但是它必定是通过禅的修行而锻炼出来的。"① 也就是说，参禅锻炼了西田思想的深度。正如西田自身所期待的："参禅以明大道，学问以开真智，以道为体，以学问为四肢。"② 在此，西田希望能够在学问与人生之间谋求一种平衡，实现"学问道德"的通达融会。并且，通过禅的修行，西田进一步期望可以"寻找到真正的自己，与它成为一体"③，从而可以成就真正的人生，成为人生的实践者。由此可见，西田哲学的出发点，既非纯粹的哲学，亦非纯粹的宗教，而是哲学与宗教、与自我的结合。

第二节　西田几多郎对"纯粹经验"的接受与转化

一、威廉·詹姆斯的"pure experience"论与西田的"纯粹经验论"

（一）威廉·詹姆斯的"pure experience"

作为美国心理学之父，威廉·詹姆斯（William James，1842—

---

① 西谷啓治. 西田幾多郎——人生と思想. 東京：築摩書房，1985，第 28 頁.

② 西田幾多郎. 西田幾多郎全集第 17 卷. 東京：岩波書店，1980，第 99 頁.

③ 西田幾多郎. 西田幾多郎全集第 18 卷. 東京：岩波書店，1980，第 46 頁.

1910）不仅是美国本土第一位哲学家和心理学家，也是教育学家、实用主义的倡导者、美国机能主义心理学派创始人之一、美国最早的实验心理学家之一。詹姆斯 1904 年当选为美国心理学会主席，1906 年当选为国家科学院院士。詹姆斯最为重要、最具代表性的哲学著作包括《心理学原理》《宗教经验种种》《实用主义》《彻底的经验主义》等。

关于威廉·詹姆斯的"pure experience"这一用语，最早出现在其著作《宗教经验种种》一书中。在他 1912 年出版的《彻底的经验主义》一书所收录的论文《"意识"是否存在？》中，詹姆斯认为现在可以抛弃"意识"这一概念，并对"pure experience"进行了阐述："如果我们首先假定世界上只存在唯一的原始素材或根本质料，一切事物皆是由此所构成的，如果我们把这样的素材称为'纯粹经验'的话，那么我们可以把'认知'直接地解释为纯粹经验的各个组成部分之间所产生的特殊的相互关系。这一关系本身就是纯粹经验的一部分。一方是知识的主体或承担者，也就是认知者；另一方则是被认知的对象。"[1] 也就是说，詹姆斯认为，"pure experience"即是所有事物的"根本质料"。

"纯粹经验"可以说是詹姆斯的"彻底的经验主义"学说中的核心概念，也是理解这一学说的关键所在。詹姆斯在《"意识"是否存在？》一文中，为了解决认知问题，首先假定世界上只有一种原始素材或质料，一切事物都由这种素材构成，并把这种素材叫作"纯粹经验"。詹姆斯在论文中进行了解释："它（纯粹经验）目前就是模糊（尚不可言之为心或物之状态）的、不确定的现实态，也就是单纯的'that'。它一方面保持了这样的朴素的直接性，一方面也作为了确

---

[1] 〔美〕威廉·詹姆斯：《彻底的经验主义》，庞景仁译，上海人民出版社，1987 年，第 4 页。

切的存在而在。它就存在于那里，我们对它施以行动。而且，我们会反过来关注它——即之后会将纯粹经验与其他的经验相结合，也就是站在一个文脉之中，令其演绎‘内心的状态’与由此而作为目标所指向的‘存在’这样的两个角色。这也正是我们所施加的行动之一。”① 也就是说，威廉·詹姆斯的“pure experience”学说，就是我们行动之前的一种最初的“混沌”的直接经验。它表现的是一种无法界定究竟是物或者心的最初的、混沌的直接性，这可以为随后的反省提供一个素材的状态。

而后，围绕着“经验”概念，在《彻底的经验主义》一书中，詹姆斯写道：“经验的各个部分靠着关系而连成一体，而这些关系本身也就是经验的组成部分。总之，我们所直接知觉的宇宙并不需要任何外来的、超验的联系来支持；它本身就有一连续不断的结构。”“连接各经验的关系本身也必须是所经验的关系，而任何种类的所经验的关系都必须被算作是‘实在的’，和该体系里的其他任何东西一样。”②

针对詹姆斯所谓的“pure experience”，罗素批评指出，如果把詹姆斯所说的“材料”换成精神和物质，再把它们之间的区别看成是两种类型的，那么这个学说就能消除精神和物质上的区别。他只是利用“纯粹经验”，表露出一种或许不自知的唯心论。③

（二）西田几多郎与詹姆斯的“纯粹经验”

1902 年，西田在写给赴美留学的好友铃木大拙的信中，提到了威廉·詹姆斯的《宗教经验种种》一书，并提到了“pure experience”

---

① 〔美〕威廉·詹姆斯：《彻底的经验主义》，庞景仁译，上海人民出版社，1987 年，第 14 页。

② 同上书，第 22 页。

③ 〔英〕伯特兰·罗素：《西方哲学简史》，文利编译，陕西师范大学出版社，2010 年，第 418 页。

这一用语，随后，通过铃木大拙的介绍，威廉·詹姆斯的"pure experience"学说受到西田的极大关注。受到启发，1902 年，西田在构思《善的研究》之前，在日记里写道："学问归根到底是为了 life，life 才是最为重要的事，没有 life，学问也就成了没有用处的东西。"① 而且，西田也提道："我为了学问而参禅是一个错误，我应该为了心，为了生命而做。"② 不仅如此，同一年，西田在给铃木大拙的信中提道："目前所谓的西方伦理学，完全是知识性的研究，其论述虽然精密，但是却没有一个人关注到人的内心深处的 soul experience（灵魂的体验），完全忘记了自己的根本。正如他们分析了面包和水的成分，但是却没有阐述面包和水的味道究竟如何一样。"③ 而且，西田也表明了自己研究的立场："我希望如今的伦理学家将学问的研究搁在一边，首先来研究古代的伟人是如何阐述 soul experience，这才是伦理的事实性研究。"④

受到詹姆斯的影响，1907 年，西田在寄给铃木大拙的书信中这样写道："接下来我想尝试磨炼出自己的思想。如果可以的话，最好是以一部著作的形式来实现它。迄今为止的哲学大多是建立在逻辑之上，而我则希望可以建立在心理之上。最近，我觉得詹姆斯等人提出的 pure experience（纯粹经验）一说非常有趣，据说詹姆斯还要撰写 metaphysics（形而上学）的书籍，大概还没有完成吧。"⑤ 由此可见，心理的角度成为西田研究哲学的新的出发点，而且西田也试图阐述 metaphysics。可以说，西田几十年后建立自己"无"的形而上学的研

---

① 西田幾多郎.西田幾多郎全集第 17 卷.東京：岩波書店，1980，第 74 頁.
② 同上书，第 119 页。
③ 西田幾多郎.西田幾多郎全集第 18 卷.東京：岩波書店，1980，第 60 頁.
④ 同上书，第 60 页。
⑤ 同上书，第 76 页。

究开端也就是来自威廉·詹姆斯的直接影响。

具体而言，西田针对詹姆斯的最大接受，可以说是来自 "纯粹经验" 这一概念的 "心理主义的立场"。西田在后来撰写的《善的研究》的《值新版之际》的序言中提道："如今看来，这本书的立场被看作了意识的立场，心理主义的立场。纵是遭受如此的非难，也是无可奈何之事。"① 在此，西田承认了 "心理主义的立场" 是其这一时期哲学思想的局限之所在。与此相反，西田在撰写作为《善的研究》前身的一系列论文之际，曾明确表示希望以 "心理" 作为立足点来构建自己的哲学框架。"希望可以（把哲学）建立在心理之上" 这一句话，充分显示了那一时期詹姆斯的思想对西田产生了多么强烈的刺激和影响。但是，西田并非完全沿袭了詹姆斯的学说，同时也对他的学说进行了深刻的批判。

西田针对詹姆斯的 "pure experience" 的批判，首先在于，西田认为 "纯粹经验" 绝不是一个 "混沌" 的状态。在《关于纯粹经验的断章》中，西田就此进行了明确的解释。不过，那一时期的西田尚未使用 "纯粹经验" 一语，而是采用了 "纯粹的知觉性的直觉" 这一表述。对此，西田写道："（这）绝不是完全混沌、无差别的状态，在此必须予以明确的区别。意识的区别并非是经过判断所产生的，而是通过意识的区别才出现了各种各样的不同的判断。"② 在《善的研究》中，他也指出："所谓纯粹经验，或许会被认为是混沌无差别的状态，但是，经验本身必然具有了各种各样的不同的形相。"③ 由此可见，西田并没有将 "纯粹经验" 视为混沌的意识状态，而是将它把握为最为现实（real）的经验。

---

① 西田幾多郎. 西田幾多郎全集第 1 卷. 東京：岩波書店，1978，第 6 頁.
② 西田幾多郎. 西田幾多郎全集第 16 卷. 東京：岩波書店，1980，第 305 頁.
③ 西田幾多郎. 西田幾多郎全集第 1 卷. 東京：岩波書店，1978，第 15 頁.

承前所述，詹姆斯所强调的"根本质料"是形成有形之物的根本，故其自身乃是无形的、单纯的"素材"。与之相反，西田所考虑的"纯粹经验"，并不是从一开始就得以展开的，而是呈现为一个未展开的、内在包摄的形式。但是，这一未展开的存在，其自身就具有了强大的"统一力"，它作为维持自身的"统一力"而不断地进行着自我的分化发展。在此，可以说西田找到了自己与詹姆斯在哲学理解上的差异。到了 1909 年，西田在哲学会上发表了题为"关于纯粹经验的相互关系及其关联"的演讲。他指出："我认为，所谓经验的发展与其说是不断把碎片结合为一个整体的过程，倒不如说是一个整体逐渐地分化发展的过程。"① 也就是说，西田批评指出詹姆斯所主张的"纯粹经验"是一种混沌的状态，而这种状态始终是被动的分化的，并不是一个具有自我能动性的统一体。

二、马赫的"感觉要素论"与西田几多郎的"纯粹经验论"

（一）马赫的"感觉要素论"

著名物理学家、心理学家和哲学家恩斯特·马赫（Ernst Mach，1838—1916）不仅在 20 世纪的物理学、空气动力学等科学领域做出巨大贡献，而且，实证论和经验批判论哲学亦成为对西方具有巨大影响的逻辑经验论思潮之先驱。马赫的哲学著作包括《动觉理论大纲》《感觉的分析》《认识和谬误》等。

1875 年，马赫在《感觉的分析》中第一次提出"要素"这一概念："现象可以分解为要素；就这些要素被认为与物体（身体）的一定过程相联系，并为这些过程所决定而言，我们称它们为感觉。"②

---

① 西田幾多郎. 西田幾多郎全集第 13 卷. 東京：岩波書店，1979，第 103 頁.
② 〔奥〕马赫：《感觉的分析》，洪谦、唐钺、梁志学译，商务印书馆，1995 年，第 13 页。

后来为了避免被人误解是唯心论，马赫开始用"要素论"代替"感觉论"。

到了《感觉的分析》中，随着认识的深入，他进一步解释："这样，知觉和表象、意志、情绪，简言之，整个内部世界与外部世界，就都是由少数同类的要素所构成，只不过这些要素的联结有暂有久罢了。通常人们把这些要素叫作感觉。但是，因为这个名词已经有一种片面的学说的意味，所以，我们宁可像我们已经做过的那样，只谈要素。"①也就是说，明确了马赫的"要素"（感觉），也就能够理解他的"要素一元论"或"感觉复合体"了。正是要素把物理学和心理学这两个相距比较远的学科联系起来，是物理学上的物体同心理学上的"物体"（概念）相对应的基础。在《感觉的分析》中，马赫的核心观点在于"并不是物体产生感觉，而是要素的复合体（感觉的复合体）构成物体"。②马赫认为色、香、热度、空间感等"感觉要素"才是第一存在，才是构成世界的终极要素。与之相反，物体、自我之类的东西皆是这样的要素的（相对恒常性的）复合体。

马赫之所以提出这样的概念，其目的即在于《感觉的分析》第四版序言里提到的："科学的任务不是别的，仅是对事实作概要的陈述。现在逐渐提倡的这个崭新见解，必然会指导着我们彻底地排除掉一切无聊的，无法用经验检查的假定，主要是在康德意义下的形而上学的假定。如果在最广泛的，包括了物理的东西和心理的东西的研究范围里，人们坚持这种观点，就会将'感觉'看作一切可能的物理经验和心理经验的共同'要素'，并把这种看法作为我们的最基本的和最明白的步骤……这本书既不向我们提供任何哲学体系，也不向我们提供包

---

① 〔奥〕马赫:《感觉的分析》，洪谦、唐钺、梁志学译，商务印书馆，1995 年，第 17 页。

② 同上书，第 23 页。

罗万象的世界观。"①

也就是说，马赫意识到了"心理的东西和物理的东西有共同的要素而不是如通常所设想的那么绝然对立"。②故而他站在心理学的立场，认为"感觉要素"是既非物质亦非心理的"中性"存在，并认为通过这样的"感觉要素"恰好可以克服物质与精神、主观与客观的二元对立论的立场，尝试用"要素一元论"或"感觉复合体"来构建新的认识论。正如马赫所强调的："本书并不试图解决一切问题，而是引起一种认识论上的转变，这种转变会使距离较远的各种科学研究部门相互合作，从而为解决科学上的重要细节问题进行准备。"③

就此而言，可以说马赫提出的"感觉要素论"，是站在"要素一元论"的科学认识论的立场，其目的是剔除西方传统哲学中的主客二元论以及自我的神秘认识论。

（二）西田几多郎对马赫"感觉要素"的扬弃

"把纯粹经验作为唯一的存在来解释一切"就是《善的研究》中西田的根本意图。在这句话之后，西田继续写道："一开始阅读了马赫等人的著作，但总是无法得到满足。"④由此可见，西田为了实现他的意图，最初曾试图以恩斯特·马赫的思想作为线索来展开思考。

实际上，在西田之前，马赫等人皆使用过"纯粹经验"这一概念。不管是他所提出的"纯粹经验论"，还是德国心理学家冯特的"直接经

---

① 〔奥〕马赫:《感觉的分析》，洪谦、唐钺、梁志学译，商务印书馆，1995 年，序言。
② 同上书，第 240 页。
③ 同上书，序言。
④ 西田幾多郎.西田幾多郎全集第 1 卷.東京：岩波書店，1978，第 4 頁.

验论",它们皆存在着一个共同之处,即站在一元论的立场,也就是排斥所谓"经验"所构建起来的哲学框架,并强调无论如何都要还原到纯粹经验或者直接经验的立场。

不过,西田认为,马赫所说的"感觉要素"并非直接的经验,只是其逻辑分析的结果而已。就此,西田在《纯粹经验哲学及其结论》一文中,对马赫的立场进行了批判:"马赫等人似乎把经验视为感觉的系统,但是我们再进一步加以考虑的话,被割裂开来的各种感觉七零八落,根本就不是真正的直接经验,而不过只是被概念加工之后的间接产物而已。"①也就是说,西田认为马赫自我标榜所谓感觉的纯粹性,并试图利用加工后的感觉来解释直接的经验,其结果只能是越来越远离经验本身。

此外,西田亦无法认可马赫站在"要素一元论"的立场,认为意识只能是单纯的"被动的"存在等观点。西田认为"纯粹经验"应该是从自身出发的,由此而发展起自身能动性的存在。通过二者的比较,我们可以发现,西田和马赫之间无论是在立场视角还是方法内容上,皆存在着巨大的差异。

三、西田的"纯粹经验"概念

(一)西田的"纯粹经验"是什么?

西田的"纯粹经验"到底是一个什么样的经验呢?首先,我们来看一下西田几多郎在《善的研究》第一编第一章《纯粹经验》中的论述:"所谓经验,就是按事实原样而感知之意,也就是完全去掉自己的加工,按照事实来感知。一般所说的经验,实际上总是夹杂着某种思想,因此所谓纯粹,是指丝毫未加思虑辨别的、真正的经验的本来状

---

① 西田幾多郎.西田幾多郎全集第 14 卷.東京:岩波書店,1979,第 72 頁.

态而言。……因此，纯粹经验与直接经验是同一的。当人们直接地经验到自己的意识状态时，既没有主观也没有客观，知识和它的对象处在了完全的合一。这就是经验的最纯粹的状态。"① 西田还指出，所谓"纯粹经验"，就是"主客合一""物我相忘"的状态。② 总之，所谓的"纯粹经验"就是"主客未分"的状态。

从 1910 到 1915 年，西田曾在京都大学开设"哲学概论"课程。根据留存下来的课程讲义，其第三编的标题即是"纯粹经验"。在此，西田提道："真正的直接经验的事实，并不是说我'知'它。不是'我知'，而就只是'知'这一事态而已。不，应该说连'知'这一事态也不存在。如果是红色的话，那么也就只是红色而已。"③

对于西田提出的"纯粹经验"这一概念，迄今为止有多种多样的解释。西田在 1937 年举行的一场题为"历史的身体"的演讲中回顾了《善的研究》的立场，可以说具有一定的代表性。他指出："《善的研究》之中的纯粹经验，就是以我们的日常经验为出发点的经验，也就是我们的日常经验。"④ 也就是说，纯粹经验就是"还没有考虑这是外物的作用或是自己在感觉它"的状态下，其脑海中所浮现的乃是我们日常生活中感觉到的经验。

（二）西田提出"纯粹经验"概念的原因

西田之所以提出"纯粹经验"这一概念，首先，应该说是来自其内在力量的驱动。威廉·詹姆斯的 pure experience 学说，一言概之，也就是我们行为之前的一种最初的"混沌"的直接经验。它表现的是一种无法界定究竟是物或者心的"单纯的他"（a simple that）的直接

---

① 西田幾多郎. 西田幾多郎全集第 1 卷. 東京：岩波書店，1978，第 9 頁.
② 同上书，第 63 页。
③ 西田幾多郎. 西田幾多郎全集第 15 卷. 東京：岩波書店，1979，第 180 頁.
④ 西田幾多郎. 西田幾多郎全集第 14 卷. 東京：岩波書店，1979，第 266 頁.

状态，而且成为语言或者“运用概念的范畴，为随后的反省提供一个素材的，一种直接的生的流动”状态。通过对这一纯粹经验的解释，我们可以发现威廉·詹姆斯站在物心未分的立场，对西方近代以来的主客二元论提出了批判。受到这一主客未分的 pure experience 学说的影响，西田强调自己“站在心理学的立场来树立哲学”。但是，西田并非完全沿袭了威廉·詹姆斯的学说，同时也对他的学说进行了深刻的批判。[①]西田试图站在心理学的角度来树立哲学，他没有提到威廉·詹姆斯所说的“我们发动之前”，而是站在了“主客未分”的主客合一或者知情意合一的立场来解释纯粹经验。而且，针对詹姆斯所提到的“混沌”的状态，西田认为纯粹经验是一个最为真实的经验，也就是物我合一的一个最为直接的事实。

其次，黑格尔哲学发挥了积极的作用。西田曾在《善的研究》第二编《实在》中提道：“首先，整体含蓄地（implicit）显现，接着其内容开始分化发展，进而在这一分化发展终结之际，存在的整体便得以实现、得以完成。”[②]

审视这段内容，我们可以发现来自黑格尔的辩证法的影响。而在《善的研究》出版之后的第二年（1912），西田撰写了《逻辑的理解与数理的理解》一文，在该文中，西田提出：“动态的普遍者的发展过程，首先是整体含蓄地显现，继而进入到分裂对峙的状态，接着再次还原到原来的整体，到此则阐明了其具体的真相。正如黑格尔所说的那样，an sich（自在）转变为 frsich（自为），接着又转为了 an sichfrsich（自在自为）。”[③]

在这里，西田的重点在于强调“统一性的某物”的分化发展，并

---

①　上田閑照.西田幾多郎を読む.東京：岩波書店，1991，第 190 页.

②　西田幾多郎.西田幾多郎全集第 1 卷.東京：岩波書店，1978，第 63 页.

③　同上书，第 262 页。

不单指潜在的整体性的事物转变为现实这一过程，同时也将这一过程把握为内在地包含着对立或者矛盾的过程。在此，我们可以确认西田几多郎的确是受了黑格尔哲学的影响。

第三节　西田几多郎的"自觉"概念与柏格森哲学

一、西田几多郎与柏格森的"纯粹持续"

（一）柏格森与"绵延"

作为法国哲学家、诺贝尔文学奖获得者，亨利·柏格森是 20 世纪公认的最重要的法国哲学家之一，生命哲学的集大成者。柏格森曾出版《时间与自由意志》《物质与记忆》《形而上学论》《创造进化论》《生命的意识》《道德与宗教的两个来源》等。1927 年，柏格森以《创造进化论》被授予诺贝尔文学奖，瑞典学院曾高度评价了其生命哲学在批判传统哲学的理性主义机械论和决定论，以及解放人类思想方面的巨大贡献。

柏格森的生命哲学与传统哲学的根本区别在于要以时间取代空间作为形而上学的对象。柏格森哲学的秘密在于对"时间"的研究和界定上，他通过批评传统自然科学的客观、外在时间观，将时间还原为内在的、心理的、流动的生命观，从而将机械唯物主义的宇宙观扭转为"生命冲动"的"创造进化论"的宇宙观。

以 1889 年的《时间与自由意志》为代表，柏格森详细分析了以往"时间观"在认识上的局限与误区。他认为："由于他（康德）已把绵延和空间混淆在一起，他就把这个存在于空间之外的、真正的、自由的自我变成一个被认为也在绵延之外的，因而是我们知识能力所不能及的自我。”① 柏格森认为，在人类的日常生活和科学研究中，必须区分两种不同的时间：科学的时间和真正的时间。而根据传统，我们总是站在空间的思维和立场来理解或阐述时间，或者将时间空间化，故无法真正理解时间。因此，柏格森要求我们从生命的视角来把握时间——真正的时间是绵延，唯有绵延才能阐述生命。

“绵延”是柏格森生命哲学中的一个核心的概念。柏格森通过与传统的科学时间进行对比，阐释了他对真正的时间——绵延的理解。柏格森认为绵延是非常难以捉摸的东西，要精确地给绵延下定义是不可能的，故没有明确定义绵延。但是，通过柏格森对绵延的阐述，可以把握到绵延具有以下四个特点：

首先，绵延是连续不断的、不可分割的时间。柏格森说：“有一种可被测量的时间，从其为一种纯一体而言，这种时间就是空间，从其为陆续出现而言，它就是绵延。”②

其次，绵延是连续不断的变化流。柏格森特别强调绵延的流动性、变化性。“绵延是过去的持续进展，它逐步地吞噬着未来，而当它前进时，其自身也在膨胀。过去在不断地成长，因此，其持续的时间也是没有限制的。”③

再次，绵延是一种创新。柏格森说：“绵延意味着创新，意味着新形势的创造，意味着不断精心构成崭新的东西”④，“在绵延中过去与现在变为同一而且继续与现在一起创造某种崭新的事物。对于有意识的生命来说，要存在就是要变化，要变化就是要成熟，而要成熟，就是

---

① 〔法〕柏格森：《时间与自由意志》，吴士栋译，商务印书馆，1958年，第159～160页。
② 同上书，第156页。
③ 〔法〕柏格森：《创造进化论》，肖聿译，华夏出版社，2000年，第11页。
④ 同上书，第16页。

要连续不断地进行无尽的自我创造"。①

最后，绵延是无法预见和具有偶然性的。柏格森认为绵延与进化都是偶然性的："偶然性在进化中起了很大作用。一般地说，一些已经被采用的形式都是偶然性的。……停滞与受阻是偶然性的；大部分的适应也是偶然性的。"② 他认为："预见就是将已经在过去观察到的东西投射到未来中"，但是"从未被观察到的东西，同时又是简单的东西，却必定是无法预见的"。③

柏格森以其独特的"绵延"概念来把握生命，阐释了真正的时间、真正的自我和生命的冲动。那么，我们应如何把握绵延呢？柏格森认为，唯有从直观的视角才能把握绵延。他认为，至少有一种实在的东西，使我们应该运用直观来把握它，而不是运用单纯的分析。"理性的工作是依靠科学向我们愈来愈完整地表达出物理操作的秘密……它只在生命的周围打转，从外部对生命提出尽可能多的看法，把生命拖到自己这边来，而不是进入到它里面去。但是，直观引导我们正是要达到生命的真正的内部……我用直观是指那种本能，它是已经脱离了利害关系的，有自我意识的，能够反省它的对象并无限扩展对象的。"④ 也就是说，柏格森认为，直观就是把自己置身于对象之内，以便与其中独特的且无法表达的东西相符。这种无法表达的东西就是绵延和生命。在直观中，认识主体与认识对象完全融为一体，从而达到对对象的有机的整体性把握。

（二）西田对柏格森哲学的认识与扬弃

1915 年，西田出版了《思索与体验》一书，收录了《柏格森的哲

---

① 〔法〕柏格森：《创造进化论》，肖聿译，华夏出版社，2000 年，第 13 页。
② 同上书，第 217 页。
③ 同上书，第 12 页。
④ 同上书，第 176 页。

学方法论》《柏格森的纯粹持续》两篇随笔，西田在该书的序言中明确提出："初到京都之际，最为触动我的是李凯尔特等人的所谓纯理论派的主张和柏格森的纯粹持续学说。前者令我获得反省，后者让我感到共鸣，二者皆让我感到获益匪浅。"① 正如序言所说，这一时期给西田带来最大影响的，可以说是以李凯尔特（Heinrich Rickert，1863—1936）为代表的新康德主义以及柏格森的哲学。《思索与体验》一书整理收录了这一时期西田所撰写的文章，大多是涉及新康德主义与柏格森的哲学的学术论文。

此外，正如该书序言中所提到的，西田从新康德主义的哲学思想中获得了"反省"，而从柏格森的哲学中感受到了"共鸣"。而且，正如西田所撰写的涉及柏格森的随笔之标题所反映出来的，最让他抱有同感的，莫过于柏格森提出的"直观"这一哲学方法。比如，针对柏格森的"直观"的哲学方法，西田在《柏格森的哲学方法论》中进行了这样的阐述："通过成为事物本身来进行观察。因此，就不会存在什么表现它的符号，这也就是所谓的绝言之境。"② 而且，他还提道："如果站在外部来认识存在的真正面目的话，那么无论如何也不可能窥探到它的真相。只有成为存在本身，站在其内部来感知它，才会成为可能。"③

在此，西田为了阐释柏格森的"直观"，提到了"成为事物本身来进行观察"，"成为存在本身，站在其内部来感知它"。这样的描述，同时也可以作为西田"纯粹经验"这一概念的解释。比如，西田在《善的研究》中，批判了把精神和自然加以对立的立场。他指出："我们所谓认识事物，不过是指自我与事物彼此一致而已。我们在看到了

---

① 西田幾多郎. 西田幾多郎全集第 1 卷. 東京：岩波書店，1978，第 203 頁.

② 同上书，第 320 页。

③ 同上。

花的时候，我们的自我也就成了花。"①不是从事物的外部来认识事物，而是只有通过成为事物本身，才会真正地做到把握事物。这一立场可以说贯穿在了西田整个的思想脉络中。在西田后期的著作中，他使用了"为物而见，为物而思""为物而见，为物而行""物来照我"这样的一系列表述来反复强调自己的这一立场。

西田对于柏格森所抱有的同感，也对其自身的"纯粹经验"这一概念的解释产生了影响。从 1910 到 1915 年，西田一直在京都大学教授"哲学概论"。在这一课程的讲义笔记中，西田把"纯粹经验"定义为"autonomous, qualitatively continuous change"（自发的，质的连续性变化）。② 这一定义，显而易见是将柏格森的"纯粹持续"这一概念作为了理论根据。

柏格森在《时间与自由意志》一书中，采取各种方式对"持续"或者"绵延"进行了解释。他提道：所谓"绵延"，就是"自我融入到生命之中，不在当下的状态和先前的各个状态之间设置任何的间隔，我们的意识状态所采取的一个继起的形式"。对于这样的持续变化的"绵延"，柏格森在《时间与自由意志》一书中指出："绵延是指互相融合、互相侵入，既没有明确的轮廓，也没有排斥他物的任何倾向，更没有任何的类别划分，只是质的变化的继起。"③

实际上，西田在"哲学概论"的讲义笔记中也提到了柏格森的"绵延"：存在处在了持续性的变化之中，一瞬也不曾停止。只是这一变化的方式乃是每个瞬间既指示了未来的状态，也包含了过去的状态。柏格森的 dure interne, dure pure（内在持续，纯粹持续）所指的即是如此。我们经常会体验到这一状态，但是站在外部来进行分析，即便

① 西田幾多郎. 西田幾多郎全集第 1 卷. 東京：岩波書店，1978，第 93 頁.
② 西田幾多郎. 西田幾多郎全集第 5 卷. 東京：岩波書店，1979，第 184 頁.
③ ベルクソン著. 時間と自由. 中村雄二郎訳. 東京：河出書房，1971，第 54 頁.

是费尽千言万语我们也无法穷尽它，只有从内部出发我们才能直接地体验到它。①

到了《柏格森的哲学方法论》这篇论文中，西田提道："我们所接触的直接、具体的存在是流动的、发展的，它的运动一刻也不曾停止，它是一个活物。"②这样的一刻也不曾停止运动的"活物"，一旦成为被分割、被剖析的对象，就会"干枯、固定、失去生机，最后成为一种符号性的知识"。③在通过"分析"还是"体验"事物的关系上，西田和柏格森的最大不同在于，柏格森强调通过分析而走向直观。但是，在《柏格森的哲学方法论》中，西田却指出以此作为哲学的方法乃是一个显著错误。也就是说，西田一开始即主张自己要"从内部来直接体验"变化的、流动的事物。这一方式，也就是从直观走向分析。西田认为这才是真正的哲学的方法。

不仅如此，针对柏格森提到的"生命的飞跃"，西田也采取了批判的态度。在《无的自觉的限定》所收的《我和汝》这篇论文中，西田批评了柏格森"生命的飞跃"这一立场的连续性的内在发展，并写道："能够称之为真正的生命的……必须是死而再生这一事态，生命的飞跃必须是断续的，柏格森所指的生命之中没有提到真正的死。"④生必须是死而后生，死而复活——这不限于基督教的教义——这才是生的本质。生命经常表现为一个无底的"无"，或者说是经过了否定才涌现出来的。可以说西田的生命观的根本，即在于此。

西田认识到了柏格森关于生命认识之中的不足之处，其根本原因是柏格森的哲学只是以时间为中心，而没有考虑到空间的逆转。或许

① 西田幾多郎. 西田幾多郎全集第 15 卷. 東京：岩波書店，1980，第 185 頁.
② 西田幾多郎. 西田幾多郎全集第 1 卷. 東京：岩波書店，1978，第 320 頁.
③ 同上书，第 326 頁。
④ 西田幾多郎. 西田幾多郎全集第 15 卷. 東京：岩波書店，1980，第 185 頁.

可以说，柏格森认定生命是不包含自我否定的运动。换言之，柏格森的哲学留下了一个问题，即认为生命是从外部才能得以观察的，也就是把生命作为一个对象来加以把握。诚然，柏格森也在反复强调生命不是仅通过外部观察就可以把握的，生要通过生的事实才能把握。即便如此，他所指的生命也没有包含自我否定，由此也是无法立足的。西田对柏格森的批判要点即在于此。[①]

二、西田创造的“自觉”概念

（一）何谓“自觉”？

1917 年，西田继《善的研究》之后，出版了独创性的研究著作《自觉中的直观和反省》，并提出了“自觉”的概念。首先，就立场而言，在 1939 年出版的《哲学论文集（三）》的序言中，西田回顾了自《善的研究》以来他自己的思想历程。“自《善的研究》以来，我的目标在于不管在什么地方都是直接地、从最为根本的立场来看待事物，思考事物，在于把握一切皆是由事物到事物的立场。纯粹经验尽管存在着心理学主义的色彩，但是它本身是一种超越了主客的立场，一种以此来考虑所谓客观世界的立场。但是，在与西南学派一类的思想接触之后，（我意识到）无论如何也必须对此加以批判。自然而然地，我站在了一种接近费希特的自觉的立场上。”[②] 也就是说，西田一接触到新康德主义的逻辑主义，就马上意识到“纯粹经验”具有偏重于心理主义的缺点。于是，他把“纯粹经验”重新把握为与费希特的“纯粹活动”相类似的一种先验的“自觉”，企图用它从逻辑上说明“直观”与“反省”的关系。

---

① 〔日〕大峰显:《西田几多郎的宗教思想——从生命论的视角出发》，黄燕青译，《世界哲学》2002 年第 5 期。
② 西田幾多郎. 西田幾多郎全集第 9 卷. 東京: 岩波书店，1979，第 3 頁.

其次，就概念而言，西田认为："所谓直观，就是主客未分，认知者与被认知的事物合而为一的、现实原本的、不断发展的意识。所谓反省，则是指立足于这一发展之外，反过来观察它的意识。"而"说明该两者内部关系时，就是我们的自觉"。[①]"所谓自觉，并不是由原来心理上可以解释的，也不是由主观和客观对立而前者摹写后者的摹写主义的认识论所能考虑的。我认为唯有以此批判哲学的立场作为义务，承认义务本身才能说明其意义和可能。"[②]也就是说，西田得出所谓"自觉"和"直观"等概念，企图以之克服《善的研究》中的心理主义和主观主义的性质，并试图赋予其逻辑形式。

（二）为什么要提出"自觉"的概念？

首先，应该说还是来自内在思想发展的驱动，在这一过程中，柏格森哲学发挥了潜在的影响。在《思索与体验》的序言中，西田写道："初到京都之时，最触动我思想的是李凯尔特等人的纯逻辑派主张和柏格森的纯粹持续学说。后者让我深有同感，前者令我得到反省，因此二者同时使我受益匪浅。"[③]

对此，西田在《思索与体验》三订版序言中进一步指出："纯粹经验的自发自展成为《善的研究》中所论述的基础，如果说当时的想法是心理主义的话，那也不是达到它的方法，但我当时的想法却不仅仅是那样的东西……我想真正的自发自展的纯粹经验必须是超越存在与单纯、抽象的对立，作为自我自身的内在分裂，进行自发自展的活动的一般者那样的东西。当然，这样考虑经验，即使在本书的论文中，也谈不上多少成功，仅谈得上是我的意图。"[④]也就是

---

①　西田幾多郎.西田幾多郎全集第2卷.東京：岩波書店，1978，第15页.

②　西田幾多郎.西田幾多郎全集第1卷.東京：岩波書店，1978，第15页.

③　西田幾多郎.西田幾多郎選集第1卷.東京：灯影舍，1981，第13页.

④　同上书，第16页。

说，西田站在自身"纯粹经验"的立场和视角，曾经提到将"纯粹经验视为唯一的存在来解释一切"。[①]那么，西田之所以提到"自觉"这一概念，可以说是针对自身的出发点——"纯粹经验"这一概念所进行的内容完善和立场的更新，同时也是西田哲学自我发展的一个必然。

其次，不得不提到来自时代思潮的影响和外部的刺激，尤其是新康德主义的影响。西田曾于《思索与体验》三订版序言中说："写这本书的论文是在我来京都时开始的，作为我主要的学习时代，我虽没有成为康德认识论者，但在当时受到新康德学派很大触动。那时候他们的学派是德国哲学界的主流，进而又成了我国哲学界的主流。"[②]可以说，西田所处的时代，特别是进入 20 世纪以来，是新康德主义全盛的时代，当时日本年轻的哲学家皆受到新康德派的影响，并在学习和研究新康德派的过程中进行反思。可以说，"在日本知识分子接受新康德派的同时，也涉及在日本容纳哲学的问题"。[③]西田亦承认新康德派的学说极大地推动了自己的思想。

作为日本新康德派的代表人物之一，哲学家高桥里美（1886—1964）对《善的研究》的批判在很大程度上刺激了西田哲学的发展。1912 年，高桥在《哲学杂志》上发表的论文《意识现象的事实及其意义——读西田氏的〈善的研究〉》，提出质疑并批判指出，西田为了以"纯粹经验"的立场来解释一切，不断努力扩大其范畴。但是，这样一来反而却"在不知不觉中使纯粹经验不断削弱，而且变得不纯粹。西田试图强调以纯粹经验可以解释一切，但实际上却是在一直否定着这

---

①　西田幾多郎. 西田幾多郎全集第 1 卷. 東京：岩波書店，1978，第 4 頁.

②　西田幾多郎. 西田幾多郎選集第 1 卷. 東京：灯影舍，1981，第 6 頁.

③　〔日〕门胁卓尔：《日本对新康德学派的容纳》，王炳文译，《哲学译丛》1991 年第 1 期。

一主张"。① 高桥在论文中还指出:"如果主张'纯粹经验'与思维的同一性,或者认为二者的差别只是体现在了'程度的不同'的话,那么最初的'未加入任何思虑辨别的、真正经验的本来状态'的定义下的'纯粹经验'也就只能归结为无。"②

对于高桥的这一批判,西田于同年发表了《回答高桥里美文学士对于〈善的研究〉的批评》一文,回应了高桥的质疑:"我在第一编《纯粹经验》之中所论述的,其目的并不是将纯粹经验和间接性的非纯粹经验区别开来,而是为了论证知觉、思维、意志以及知的直观乃是同一类型。我没有采纳将直觉和思维视为截然不同的事物的二元论的立场,而是主张把二者视为同一类型的一元论的立场。"③

不仅如此,高桥对西田的批判牵引着西田从 1913 至 1917 年开始了一系列的思索,并于 1917 年出版了《自觉中的直观和反省》一书。《善的研究》中被掩盖了的直观与思维之间的问题在此成为一个显性而突出的问题,并驱使着西田不得不去解决它。特别在《自觉中的直观和反省》中,西田提出了以下一系列问题:"所谓直观,就是主客未分,认知者与被认知的事物合而为一的、现实原本的、不断发展的意识。所谓反省,则是指立足于这一发展之外,反过来观察它的意识。对于被认为无论如何都不能脱离直观的现实的我们而言,这样的反思究竟如何才会成为可能呢?反省是如何与直观结合起来的呢?后者对前者究竟具有了什么样的意义呢?"④

总之,正是来自以高桥里美为代表的新康德主义的刺激,西田开始关注"自觉"的问题,并进而重新思考自身哲学的建构。

---

① 高橋里美. 高橋里美全集第 4 卷. 東京: 福村出版, 1973, 第 162 頁.
② 同上。
③ 西田幾多郎. 西田幾多郎全集第 1 卷. 東京: 岩波書店, 1978, 第 301 頁.
④ 西田幾多郎. 西田幾多郎全集第 2 卷. 東京: 岩波書店, 1978, 第 15 頁.

第四节 西田几多郎的"场所"概念与希腊哲学

西田的"场所"概念，可以说一个来自亚里士多德，一个来自普罗提诺，皆是以西方哲学的原点——希腊哲学作为理论依托。

一、亚里士多德和普罗提诺

（一）亚里士多德和"基体（实体）"概念

亚里士多德作为古希腊哲学的集大成者，批判性地考察了此前希腊各派哲学，并在此基础上推陈出新，建构起一整套思想体系，在整个西方思想史上扮演着极为重要的角色。亚里士多德写下了大量的哲学著作，其中《工具论》《物理学》《形而上学》《论灵魂》等均为影响极大的经典著作。

亚里士多德认为形而上学的首要任务是研究实体："实体是指那些单纯的物体，例如土、火、水以及这类东西，一般说来物体以及由它们所构成的东西，动物和精灵，以及它们的各部分。这一切之所以被称为实体，因为它们不述说其他主体，而是由其他的东西来述说它们。另一方面，是指内在于述说主体的东西之中，是它们存在原因的东西，例如灵魂对于动物。此外，实体还指那样一些部分，它们内在于这些东西之中起规定作用并标明它们，它们消灭了整体后便随之消灭，例如，面之于体，有些人说，线之于面，总而言之，在一些人看来数目也是这样的东西，数目消灭也就没有东西存在，数目规定一切东西。此外，它还指是其所是，它的原理即是定义。它被认为是个别事物的实体。故实体具有两方面的意义，或者作为不用述说他物的终极载体；或者是作为可分离的这个而存在，每一事物的形状或形式便具有这种性质。"①

在此，可以说亚里士多德是从逻辑学的角度探讨"基体"（"实体"）这个概念。他明确指出，"实体"是最基本的范畴，属于这一范畴的事物是其他一切事物的基质。没有实体的存在，其他事物就不可能存在。所谓"实体不述说其他主体，其他东西都述说实体"是指，在关于任何事物所作的判断中，作为实体存在的东西总是作为被述说的对象而出现，而不作为述说他物的东西而出现。实体是被描述者，而不是描述者。因此，实体在逻辑上是先于其他存在物的，是最基本的范畴，而包含其他事物的诸范畴则是从属性的。②

（二）普罗提诺和"太一"概念

普罗提诺是希腊著名的新柏拉图主义哲学家，被誉为新柏拉图主义之父。尽管他不是一名基督教徒，但普罗提诺哲学却对当时基督教的教父哲学产生了极大影响。

他的形而上学是一种三位一体论，三位中最高的是太一，其次是精神，最后是灵魂。太一是非常模糊的一种概念。太一被称为"神"，也被称为"善"；太一无法描述，它是一种存在；它不是"全"，它超越"全"；神体现于万物，太一不通过任何物体现；它不寄托于某处，但是又无处不在；太一是无法定义的，因此沉默中拥有更多的真理。③

总之，普罗提诺的"太一"作为"本体"，具有如下特点：首先"太一"作为本体是"一"。在传统的柏拉图的定义之上，普罗提诺更

---

① 苗力田主编：《亚里士多德全集（第七卷）》，中国人民大学出版社，1993 年，第 122～123 页。

② 李国山等编著：《欧美哲学通史（精编本）》，南开大学出版社，2008 年，第 93～94 页。

③ 〔英〕伯特兰·罗素：《西方哲学简史》，文利编译，陕西师范大学出版社，2010 年，第 52～153 页。

进一步以某种类似于"否定神学"的方式强化了"太一"本体的终极地位与作用。这样既消除了亚里士多德关于本体（ousia）由于语义问题所产生的歧义，同时也保持了理性的本原特性，使之与基督教神学的人格神相分离，但是，这种"否定"本身却又使本体"太一"的界定偏向于神秘化，从而失去了公众理解的基础。

其次，普罗提诺将本体"善"的意义也做了新的扩充与阐释。如果说柏拉图拘于文本的表达方式而语焉不详的话，那么，普罗提诺则从神正论的立场对本体的至善属性做出了新的定义，以哲学固有的反思的主动性向"太一"靠拢，克服了基督教神学中个体期待恩典的被动性。

因而，普罗提诺的"太一"观念可以看作是对古希腊哲学本体思想的一种创造性的发展，一方面，它保持了哲学所特有的反对大众崇拜的人格偶像神祭祀的思想特征，另一方面又避免了因理性神论的抽象化所导致的过于空疏与片面。①

二、西田对"基体"和"太一"概念的接受和诠释

（一）西田对亚里士多德"基体"的理解

西田几多郎通过论著《从动者到见者》中所收录的论文《关于内部知觉》，第一次阐述了对亚里士多德"基体"的理解。其中，西田提道："诚如鲍桑葵所言，我们提到这张桌子是橡木做的时候，真正的主语不是这张桌子，而必然是实在。如同一个综合的整体，这才会成为亚里士多德所说的基体。"②

可以说，西田通过借助"实在"或者"基体"的概念，将直接

---

①　王强：《论普罗提诺的"太一"本体观念》，《内蒙古大学学报（哲学社会科学版）》2011 年第 6 期。

②　西田幾多郎．西田幾多郎全集第 12 卷．東京：岩波書店，1979，第 13 ～ 14 頁．

经验和主观化概念化的知识联系起来。亚里士多德把"基体"界定为"无论在何处皆是作为主语而不作为谓语",而西田继承了亚里士多德的定义,并通过它来加以论述。"无论何处皆是作为主语而不作为谓语的基体,必须是无限的谓语的统一,即必须是无限的判断的统一。构成判断与判断之间的统一的,则必然是超越了判断的东西。我们的判断作用尽管无限地趋向于此(基体),但它必然是一种我们无法追及以及达到的对象。对于这样的(基体),我把它理解为是一种直觉的概念"。①

在《从动者到见者》的第六篇论文《活动者》中,西田论述了经验与判断之间的关系。西田认为:"物的世界是我们通过将经验的内容加以合理化的一个过程而成立的。将经验加以合理化,也就是经验自身成为主语,即成为作为主语而不是谓语的基体。因而,经验自身成为主语,也就是指经验必须是作为自我同一的具体的普遍存在,通过限定自我本身,在自我之中使判断得以成立。"②

(二)西田对亚里士多德"基体"概念的扬弃

亚里士多德的"基体"概念,对于西田几多郎的哲学思想,尤其是其"场所"思想的形成起到巨大的启发作用。但是,西田也并非完全地承袭了它。可以说,西田以"场所"来表述自己思想这一行为本身,与此也是密不可分的。

西田在《遗留下来的意识问题》这篇论文中,对亚里士多德的"基体"概念进行了批判:"亚里士多德曾将实体(ousia)界定为成为判断的主语而不能成为判断的谓语,作为实体的定义,我还没有发现超越这一定义的界定。……如果可以这样说的话,那么与此相对,在

---

① 西田幾多郎. 西田幾多郎全集第 4 卷. 東京:岩波書店,1979,第 97 頁.
② 同上书,第 185 頁。

成为谓语而不成为主语的范畴之中，是否可以说存在了更深一层内涵的'有'呢？亚里士多德仅仅从主语的角度来寻求成为判断之基础的超越者，但真正成为判断之基础的超越者的，不是主语，而是谓语。"①

进而，西田在《哲学论文集（三）》的序言中继续批评了亚里士多德的逻辑："亚里士多德的逻辑始终是主语的逻辑。但是以此我们并不能认识到自我。自我是不可以被对象化的。但是，我们还是要思考自我的问题，在此也必然需要一些不同的思想。针对亚里士多德的逻辑，我则是反其道而行之，称之为谓语的逻辑。作为意识之统一的我们的自我，不能从主语的方面出发来加以思考，而要在意识之野的自我限定之中，从场所对它加以考虑。"② 在此，可以说，西田认为亚里士多德提到的"基体"，并非基于这样的真正判断即包摄判断这一基础之上的概念。这即是西田批判亚里士多德的核心内容。

（三）西田与普罗提诺的"太一"

西田通过亚里士多德的"基体"这一概念，重新认识"自觉"这一观念。那么，是什么触发了西田对"自觉"观念的认识呢？在此，我们认为，西田对"自觉"认识的一个重要媒介，乃是普罗提诺的"太一"思想。

例如，西田为了准确表述"自觉"的结构体系，经常使用"镜子"这一比喻。如前所述，从《关于内部知觉》中，引用了"自我是在自我之中摹写自我，摹写自我的内容的镜子也必须是自我本身，而不是在物（对象）之中来摹写我们自己的影子"这一段话。在此，我们可以看到，西田为了表达"自觉"的场所的特性，借用了"镜子"这一

①　西田幾多郎. 西田幾多郎全集第 12 卷. 東京：岩波書店，1979，第 13 ～ 14 頁.
②　西田幾多郎. 西田幾多郎全集第 9 卷. 東京：岩波書店，1979，第 3 ～ 4 頁.

比喻。之所以如此，可以说是因为西田联想到了普罗提诺的"太一"理论。关于这一点，西田在论文《表现活动》中强调："普罗提诺认为……所谓真正的质料，必须是承受形的场所，犹如摹写它的镜子一样。……普罗提诺提到睿智者包含于太一之中，而太一则是睿智者存在的空间。……纯粹的质料如若是映照光的镜子，那么太一可以说是看见光本身的眼睛。"[1]

不过，我们也可以说，西田始终是站在"自觉"的结构框架中来阐述这一"镜子"的提法，它的特点在于"无映照之物"的镜子这一方面，它始终是"摹写镜子本身"的镜子。在《场所》这篇论文中，西田将场所比喻为"镜子"，并说："真正的场所是在自我之中来映照自我的影子，如同镜子一样来映照自我本身。"[2]

三、西田建构的"场所"概念

（一）从"纯粹经验"到"场所"

在高山岩男《西田哲学》的序言中，西田提道："自《善的研究》以来，我思索的出发点既不是主观，也不是客观，而是在于主客未分之前的立场。即便是到了今天，这一立场也没有任何改变。不过，作为哲学，如何把握最为直接、最为具体的立场，如何考虑这之后的各种各样的问题，在经历了不断的费心思索之后，我的思索也发生了改变。"[3]那么，"场所"论是如何继承前期西田哲学的呢？

首先，就纯粹经验这一概念的继承而言，西田在《善的研究》中指出它是"没有主客之分，知识与对象是完全合一的"，"没有知情意的分离的、唯一的活动"。这样的解释，在《场所》这篇文章中也有一

---

① 西田幾多郎.西田幾多郎全集第 4 卷.東京：岩波書店，1979，第 166 頁.

② 同上书，第 126 页。

③ 西田幾多郎.西田幾多郎全集第 13 卷.東京：岩波書店，1979，第 219 頁.

定的继承。比如："主客合一，或者既没有主观也没有客观的状态，也就意味着场所成为真正的无，成为一面纯粹反映的镜子。"或者，"知识的对象世界不管什么时候都不可能脱离被限定了的场所。反映情、意的场所，也必然是更为深刻广泛的场所"。不过，正如论文中所强调的："针对知识的形式，内容必不可少，即便可以设想二者合一，形成一个完整之物，也必然会存在着一个它自身得以表现出来的场所。"①也就是说，即便是主客合一、知情意的合一，也必然存在着一个"场所"，也就是说西田是站在"场所"的立场对纯粹经验进行了重新诠释，场所成为最为根本的存在。

其次，就纯粹经验的立场和对西田后期的哲学思考影响而言，在《善的研究》的《值新版之际》这篇文章中，西田提道："纯粹经验的立场，在《自觉中的直观和反省》，通过费希特的'动作'（Tathandlung）作为媒介，我由纯粹经验的立场发展为绝对意志的立场；然后，在《从动者到见者》一书的下半部时，又通过希腊哲学作为媒介，我继续发展，这次转变到了'场所'的观点。这样，我开始为自己的观点设立起一个逻辑的基础。之后，我把场所的观念具体化为辩证的普遍，并于这一立场以直接的表述，即称为动作的直观。"②可以说，西田的场所就是这"具体的普遍"，它能够引发西田想到之后的历史的真实的世界方面，继续丰富西田的哲学思考。

（二）"场所"的内容

那么，西田的"场所"究竟阐述了什么呢？首先，场所是意识的立场的彻底化与自我的自觉。在此，西田一方面对被对象化了的意识的立场提出批判，阐述了自己将意识的立场贯穿下去，意识不断地自

---

① 〔日〕西田几多郎：《场所》，吴光辉译，《世界哲学》2002 年第 5 期。
② 西田幾多郎. 西田幾多郎全集第 1 卷. 東京：岩波書店，1978，第 6 頁.

我衍生的问题;另一方面,则是借助现象学哲学家胡塞尔的"意识之野"的概念,逐步地推导出"场所"。不仅如此,西田也没有放弃一贯坚持的"自觉"的立场。正如译文所述:"我试图从自觉的立场,也就是从我在自我之中反映自我的立场来加以思索。"① 在此,所谓场所,也就是真正的自我得以实现的场所;在场所框架下,"自觉"不再是"活动",而应该是"见",即"从动者到见者",也就是自我在自我之中反映自我;这样的自我,正如西田自己所提到的,"所谓我……不是一个点,而必须是一个圆;不是物,而必须是场所"②,从而对西方近代以来的主体性哲学提出了根本的反驳。

其次,作为《善的研究》以来的立场之延续,在此也不得不提到西田在《场所》这篇论文中所涉及的"知、情、意"的问题。在这篇论文中,西田应该是尝试着重新对过去的纯粹经验立场下的"知、情、意"的理解加以诠释。西田提道:"更为深刻、更为广泛的无的场所,则必然是情、意得以成立的场所。"③

1926 年,西田几多郎发表了题为《场所》的论文。随后,日本哲学家左右田喜一郎(1881—1927)站在新康德主义的立场对它进行了批评,认为它"进一步加深了(东西方)学问间的不为兼容的疑问",西田的思想已经"进入了一个可以称为具备了一个体系的境界"。

为了回应左右田喜一郎的批评,西田撰写了《答左右田博士》一文。在文章的开头,西田提道:"在《场所》的末尾,我觉得自己多少也形成了与过去不同的思想。"④ 也就是说,"作为哲学,如何把握最为直接、最为具体的立场,如何考虑这之后的各种各样的问题,在经历

---

① 〔日〕西田几多郎:《场所》,吴光辉译,《世界哲学》2002 年第 5 期。
② 同上。
③ 同上。
④ 西田幾多郎. 西田幾多郎全集第 4 卷. 東京: 岩波書店, 1979, 第 290 頁.

了不断的费心思索之后，我的思索也发生了改变。纯粹经验也好，（费希特的）纯粹活动也好，在它的根本之处，皆没有脱离主观主义的立场。我的思想由此以亚里士多德的'场所'为中介，形成了从逻辑性来寻求出发点的立场。"①

（三）西田建构"场所"概念的目的

正如这篇论文一开始所指出的，西田几多郎是模仿柏拉图的"空间"这一概念来确立自己的"场所"。但实际上，在《场所》之前发表的《表现活动》一文中，"场所"这一概念就已经作为术语频繁地被加以使用了。而且他还明确提到了新柏拉图主义哲学家普罗提诺突出"太一"的概念，认为："所谓真正的质料，必须是承受形的场所，犹如摹写它的镜子一样。"也就是说，西田的"场所"概念，一个是来自柏拉图，一个是来自普罗提诺，但是不管如何，皆是以西方哲学的原点——希腊哲学作为理论依托的。不过，正如西田自己所说的："无论是柏拉图的空间，还是（普罗提诺的）收容的场所，与我所命名的场所并不是一致的。"换言之，西田是要赋予"场所"以一个新的哲学，也就是自己的哲学的新内涵。

那么，站在与西方哲学对决之立场的西田，究竟是针对什么提出了"场所"这一概念的呢？

首先，"逻辑化"的问题是一个直接的目的。在此，亚里士多德的《范畴论》中提出的"第一存在（基体、Sub-stratum）"，即"它不会成为任何主语（S）的谓语（P）"的存在成为西田批判与改造的对象。西田认为，所谓判断并不是"S 是 P"的形式，而应该是"S 存在于 P 之中"，即处于一种包摄关系。而且，这一关系朝着"谓语"的方向无限延伸下去，无限的主语将会无限地被包摄到无限的"谓语"之中，由此也就会出现"超越性的谓语的统一"。这也就是西田所谓的作为真正的存在的"场所"。因此，针对"第一存在"这一概念，西田从根本上进行了颠覆，并在《关于内部知觉》这篇文章中指出这一概念"必须是无限的谓语的统一，即无限地统一判断之事物"。

其次，从西田自身的意图来看，正如西田在《场所》这篇论文中所提到的："自我不是主语的统一，而必然是谓语的统一。不是一个点，而必须是一个圆；不是物，而必须是场所。我不能知道我自己，也就是指谓语不能成为主语。"① 可以说，西田正是通过把事物作为具体的普遍来加以把握的立场和视角，试图重新审视我们思维的前提或者自身的思维体系。

第五节　作为"宗教哲学"的西田哲学

宗教哲学是被称为"独创哲学"的西田几多郎的哲学的重要内容之一。西田几多郎的宗教哲学，不仅体现在最初的哲学著作《善的研究》中，亦最为深刻地体现在最后完成的研究论文《场所的逻辑与宗教的世界观》中。西田一开始就将宗教视为一大"要求"，即生命的转变与自我的革新的要求，将人生的问题作为哲学的核心，将宗教的问题作为哲学的终结来加以认识。到了晚年，则是基于"绝对矛盾的自我同一"的逻辑，将哲学视为针对"日常性的事实"，乃至"历史的存在的世界"的反省，将"宗教"视为自觉来加以把握，从而始终贯穿了一种"宗教哲学"的观念。在这一过程中，西田自一开始认同基督教的立场，不断援引基督教的教义来阐释自身的宗教哲学，到最后确

---

① 西田幾多郎. 西田幾多郎全集第4卷. 東京：岩波書店，1979，第79頁.

立了以佛教的"平常底"为标志的宗教世界观，走向了"逆对应"的立场，构筑起了自身哲学与基督教展开对话的潜在平台。

审视西田几多郎的整个生涯，可以说以"宗教哲学"为主题而展开论述的专门性论文极少。1998年，灯影舍编撰出版了《西田哲学选集》第三卷，即"宗教哲学"论集，收录了西田几多郎的《永远的现在的自己限定》《自爱、他爱及辩证法》《我和汝》《绝对矛盾的自我同一》《自觉》《以预定和谐为向导通向宗教哲学》《场所的逻辑与宗教的世界观》等七篇学术论文。由此可见，西田本身阐述宗教哲学的研究不仅极为稀少，且大多集中在了后期哲学。事实上，西田几多郎在《善的研究》第四编《宗教》就极为详细地论述了自己的宗教哲学，且把宗教视为"哲学的终结"。而后经历了不少的迂回曲折，到了最后完成的学术论文《场所的逻辑与宗教的世界观》，则更是突出了自身"宗教哲学"的根本性格。

在此，本节拟自西田哲学与宗教，兼顾西田哲学与基督教之间的"对话"这一视角，就西田几多郎的宗教认识、《善的研究》所体现出来的西田几多郎的"宗教哲学"、西田几多郎"宗教哲学"的基本性格等系列内容展开考察与论述，由此来把握西田几多郎如何构建自身的宗教哲学，如何潜在地推动自身哲学与东、西方宗教思想，特别是与基督教之间的对话，如何确立自身"宗教哲学"的基本性格的问题。

一、《善的研究》与西田几多郎的"宗教哲学"

如今，西田几多郎的宗教论与清泽满之的《宗教哲学骸骨》之间的比较研究成为一大热点。[①] 不过，不管怎么说，《善的研究》可谓是

---

① 杉本耕一．西田幾多郎の「宗教哲学」と清沢満之の「宗教哲学」．现代と親鸞（33），2016.

日本人最初站在真正的哲学观念的立场，由此而力图阐明宗教本质的第一部专门性著作，因此在日本的宗教哲学领域具有里程碑式的重大意义。《善的研究》第四编《宗教》部分的论述主要围绕着宗教本质和神这两个概念。以下简要探讨西田几多郎对其中三个重要概念和问题的阐述。

（一）宗教的要求

在西田看来，"宗教的要求"就是对自我的要求，也就是关于自我的生命的要求。我们一方面知道自我是相对有限的，同时又想同绝对无限的力量结合，以求由此获得永远的真正的生命。在此，西田开宗明义地将"宗教"把握为自我立场下的"宗教的要求"，由此而进一步指出："真正的宗教是为了寻求自我的转变和生命的革新。"[①] 在此，可以说，将宗教与自我结合在一起，乃是西田"宗教哲学"最为本质之处。事实上，就任何宗教说来，首先是来自人们内心的共同的要求。

西田的"宗教的要求"，在此并非特指基督教，但是西田却始终不忘基督教，多次借助它来寻求宗教的理解。西田指出："正如圣保罗所说的，'现在活着的，不再是我，而是基督在我里面活着'那样，要把一切肉体生命都钉在十字架上，只希望依靠神来活下去的那种感情。真正的宗教是为了寻求自我的转变和生命的革新。基督手执十字架说，'不与我一伙的，就是敌我的'，可见一个人只要还有一点点相信自己的念头，就不能说他抱有真正的宗教。"[②] 也就是说，人的自我是相对有限的，因而不能相信自我，而要寻求自我的转变，力图获得永远的真正的生命，只能依靠"神"才能实现。在此，自我的否定与神的肯定直接结合在一起，主客未分的绝对否定转换为绝对性的神。

---

① 〔日〕西田几多郎：《善的研究》，何倩译，商务印书馆，2010年，第127页。
② 同上。

宗教的要求是"意志统一的要求，同时又是同宇宙相合一的要求"①，因此，可以说宗教的要求是人心中最深、最大的要求。西田认为，人类具有的各种肉体上的要求和精神上的要求，都只是自我的局部要求，唯有宗教才是自我本身的解决。宗教寻求的是知与意未分以前的统一②，因此，只要是"想认真地思考和认真地生活的人，都能感到热烈的宗教要求的"。③

（二）"神是什么"？

针对"神是什么"的问题，西田指出："我们的所谓神，必须是天地由之而定位，万物由之而生育的这种宇宙的内在统一力。"④也就是说，神不是处在宇宙之外，而是"宇宙的根本"，"实在的根基"。我们必须承认，外面在自然的根基里有一个统一力的支配，内面在人心里也有一个统一力的支配。因此，"所谓精神与自然的统一，不是把两种体系统一起来，而是指它们本来处于同一的统一之下"。"所谓神就是这种实在的统一者"。⑤西田把这种"统一力"叫作"人格"，那么，神究竟是什么呢？对此，西田认为神就是"作为宇宙的根基的一个大人格"，"宇宙是神的人格的表现"。⑥

进而，西田又主张"神人合一"的立场。何谓"神人合一"呢？西田认为就是我们打破自我的躯壳，或者说超越自己的意识框架，与"绝对无限的力量"成为一体。作为例证之一，西田列举了19世纪英国诗人阿尔弗雷德·丁尼生的体验，并提道："诗人一旦沉静地吟唱起自己的名字，其个性化的自我就会从个人意识的深处开始逐渐解

---

① 〔日〕西田几多郎：《善的研究》，何倩译，商务印书馆，2010年，第129页。
② 同上。
③ 同上书，第130页。
④ 同上书，第132页。
⑤ 同上书，第136页。
⑥ 同上书，第137页。

消，转变为无限的存在。而且，在这一时刻，诗人的意识绝不是朦胧的，而应该是最为清晰的。"[1] 奥地利精神病医师、心理学家、精神分析学派创始人西格蒙德·弗洛伊德认为，人在降临之初，自我与外界并不存在什么区别。对此，西田也在《善的研究》第四编第一章《宗教的要求》这一部分，一边列举18世纪的法国哲学家艾蒂安·博诺·德·孔狄亚克（Etienne Bonnot de Condillac，1714—1780）的名字，一边叙述指出："我们在一开始看到光的时候，与其说我们那个时候正在看光，倒不如说我们就是光本身。对于婴儿而言，所有的最初的感觉必然就直接是宇宙本身。"[2]

不仅如此，西田还直接参照了德国思想家雅各布·伯麦（Jacob Boehme，1575—1624）的思想，来阐述自己的"内在的再生"这一观点。他提道："正如雅各布·伯麦所说的那样，我们依照最为深刻的 die innerste geburt 而接触到神，我们在这一内在的再生之中直接面对神，信仰神，与此同时我们也在这里找到自我的真正生命，感受无限的力量。"[3] 由此可见，西田提倡的"神人合一"，不仅是感受神的存在，同时也意味着自我的新生命的诞生。

（三）神与世界

关于神与世界的关系，西田提出："神的性质及其与世界的关系就都能通过我们的纯粹经验的统一，即意识统一的性质和它与其内容的关系来认识。"[4] 在西田看来，意识内容是通过统一而成立的，离开意识内容便没有统一，二者相辅相成；二者"只是同一实在的两个方面"。而爱是人格的要素之一，那么，作为恶的存在将如何解释呢？西田认

---

[1] 西田幾多郎.西田幾多郎全集第1卷.東京：岩波書店，1978，第188頁.

[2] 同上书，第171页。

[3] 同上书，第177页。

[4] 〔日〕西田几多郎：《善的研究》，何倩译，商务印书馆，2010年，第42页。

为："恶是由于实在体系的矛盾冲突而发生的，是实在发展的一个重要条件，罪恶、不满和苦恼都是促使我们人类精神上进的重要条件。"[①]也就是说，世界上本来没有可以绝对地叫作恶的东西，万物本来都是善，应该说实在就是善。从整个宇宙来看，如果认为宇宙是由精神的意义建立起来的话，那就不能嫌弃罪恶，"反而能够知道它们的必要和不可缺少的道理"。在此，西田借用宗教语言说："罪恶是令人憎恶的，但是世界上再没有比罪恶更美的了。"那是由于"不认识罪恶的人就不能真正认识神的爱"。[②]

围绕"知与爱"的问题，西田强调："知与爱"并非两种不同的精神作用，而"本来是同一的精神作用"，那就是"主客合一的作用，又是我物一致的作用"。为什么知是与主客一致的呢？西田指出："我们认识物的真像，就是把自己的妄想臆断，即所谓主观的东西消磨净尽，而与物的真像一致，也就是同纯客观一致"，这个时候，才能很好地认识它。站在宗教的视角考虑，西田认为："主观是自力，客观是他力"，"我们知物和爱物就是舍弃自力而建立对他力的信心"。要认识"绝对无限的佛或神，只有爱它才能做到，爱它就是认识它"。因此，站在宗教的立场，西田在结论处指出："我们只有通过爱或信的直觉才能够认识神。"[③]

二、西田几多郎"宗教哲学"的基本性格

（一）自我的转换与生命的革新

关于宗教哲学的基本性格，西田提道："宗教的要求"是"自我的

---

① 〔日〕西田几多郎：《善的研究》，何倩译，商务印书馆，2010年，第147页。

② 同上。

③ 同上书，第150页。

转换，生命的革新"①的要求。也就是说，西田认为宗教的问题首先是作为自我的问题而被提出。具体而言，我们的自我觉悟到了自身的有限性（即自我不能总是不断地分裂下去），那么将会以一种什么样的形态出现呢？

西田认为，如果我们的自我觉悟到了自身的有限性，那么就需要对自身进行一种彻底的转换或者革新，需要我们"杀尽伪我"。②换言之，在进行自我转换或者革新之际，只要我们存在了依赖自身，哪怕是一丁点这样的考虑，就不可能实现这一转换或者革新。只有通过彻底的、自身完全"无力"拯救自己，并以彻底觉悟到自身的有限性为出发点，由此来谋求自我的生命转换，这样的宗教才是"真正的宗教"。

不仅如此，西田还指出：追求自我转换或者革新的宗教，乃是"人心的最深最大的要求"。宗教的要求是基于自我本身的要求，是探索自我的整体变革的要求。换句话说，它谋求的是解决自我存在的整体性问题。这也就是西田所强调的"最深最大的要求"，西田之所以将宗教视为"哲学的宗教"，也与这一立场密不可分。

到了后期，西田在《经验科学》一文中指出："历史世界的问题是我们自我的生命问题。这里存在一个哲学和宗教的问题。针对我们自我的开始与终结，两者皆是哲学和宗教的问题。从具体制作的自觉而言，即从所有自我的角度来看，我们必须从哲学的角度思考世界。……宗教就是彻底化矛盾自我同一的基础，自觉地予以把握。"③

就此而言，哲学和宗教同样是一个"整全自我的立场"。自我不是从外面眺望世界，而是在世界中存活和活动（制作）。自我必须面向

---

① 西田幾多郎. 西田幾多郎全集第 1 卷. 東京：岩波書店，1978，第 169 頁.
② 同上书，第 168 頁。
③ 西田幾多郎. 西田幾多郎全集第 8 卷. 東京：岩波書店，1979，第 485～486 頁.

生命的根本事实。相对于哲学从以上的角度观看世界，宗教则要求自我的彻底化。西田表示，宗教尝试努力把握"我们的自我从哪里来和到哪里去"。这一问题到了《实践哲学序论》一文中，西田进行了这样的解答："如果宗教离开日常经验，它或许可以被视为一种神秘的直观和一种无用之物。可是，宗教必须是我们日常生活的基础。"①

（二）"宗教心"

何谓"宗教心"？西田认为，所谓"宗教心"，就是"人心归结为其固有的状态，人心由分裂归为统一，由抽象归为具体……它是基于我们的活动的自我的实际要求而产生的"。②对我们自己而言，人心的固有状态也就是最为根本的事实，即统一的具体的"生命"的事实。西田强调，这样的"生命"的要求，也就是活动的自我的实际要求，"从理性的要求或者道德的要求来探索宗教心是不会真正理解宗教心的"。③他认为不应该从学问或者道德的立场，而是要从生命的立场来把握作为"哲学的终结"④的宗教问题。

在《善的研究》中，西田指出："宗教的要求是对自己的要求，对自己的生命的要求。是我们自己在感知到自身的相对与有限的同时，也渴望得到通过与绝对无限的力量的合一而获得永远的真正的生命的要求。"⑤确实，人有各种各样的要求。但是，对于自身生命的宗教要求可以说是其中最为根本的要求。西田认为："我们所有的要求可以说皆是宗教的要求所分化出来的，它们的发展的结果也是归于宗教的要求，宗教不能离开我们的生命而独立。"⑥那么，对西田而言，宗教究

---

① 西田幾多郎.西田幾多郎全集第 9 卷.東京：岩波書店，1979，第 188 頁.
② 西田幾多郎.西田幾多郎全集第 16 卷.東京：岩波書店，1980，第 289 頁.
③ 同上书，第 492 页。
④ 西田幾多郎.西田幾多郎全集第 1 卷.東京：岩波書店，1978，第 4 頁.
⑤ 同上书，第 169 页。
⑥ 同上书，第 172 页。

竟为何物？西田对此做了"神与人的关系"[①]的定义。对于"神"这一概念，西田在《善的研究》第二编第十章《作为存在的神》中提到"神绝不是超越存在之外的，存在的根源即是神"[②]，在第四编《宗教》中，西田提到神不仅是宇宙万物存在的根本，也是"我们的根本"。[③]归根结底，西田认为："宗教的真意即在于获得神人合一的意义，在内在的再生之中我们遇见神，信仰神的同时，我们也寻找到自己的真正的生命，感受到无限的力量。"[④]

不过，到了《场所的逻辑与宗教的世界观》一文中，西田表示："宗教意识是我们生命的根本事实，学问和道德的基础。宗教心并不是特别的人所专有，而是潜藏于所有人的心底。如果我们没有意识到这一点，则不能成为一位哲学家。"西田强调，宗教意识是潜藏于所有人的心底，是"我们生命的根本事实"，这一点不仅是西田宗教论的核心，更是其特色。[⑤] 在此，宗教乃是透过"平常底"来联系日常生活的基础。[⑥]

西田站在场所逻辑的立场，认为"绝对否定即是平常底"。[⑦] 宗教的立场，就是处于这种"历史世界的永远的过去与未来，即人的开始与终结相结合的立场，最深最浅、最远最近、最大最小的立场"，也就是"平常底的立场"。[⑧] 宗教不是脱离平常心，而是在任何地方都贯彻于这种平常心的根底的。在这里我们自己作为绝对现在的自我

---

① 西田幾多郎. 西田幾多郎全集第 1 卷. 東京：岩波書店，1978，第 173 頁.
② 同上书，第 96 页。
③ 同上书，第 174 页。
④ 同上书，第 177 页。
⑤ 〔日〕藤田正胜：《西田几多郎：生与哲学》，林永强译，台湾联经出版事业股份有限公司，2016 年，第 129 页。
⑥ 同上书，第 130 页。
⑦ 西田幾多郎. 西田幾多郎全集第 11 卷. 東京：岩波書店，1979，第 451 頁.
⑧ 同上书，第 454 页。

限定，"逆对应"地接触绝对性的一者。换言之，与最初的"神人同一"的立场截然不同，晚年的西田突出了一种"绝对否定"的逻辑，只有实现了自我针对"绝对死"的自我觉悟，才能真正地实现神与人的对话。

（三）具有统合的力量

西田在处理宗教的问题上，是通过"统合"的力量来进行阐述和诠释的。不过，由于宗教涉及上帝与宇宙的创造问题，他认为宗教的要求是为了自我与宇宙的终极统一，而上帝则是实现这一终极统一的根本。

那么，西田如何理解上帝？他认为："上帝必须是宇宙的基础，亦是我们自身之基础。我们在上帝中寻求庇护，也就是在这一基础上寻求庇护。上帝必须也是宇宙中各类事物的目标，故也是人类的目标。每一个人在上帝中找到自己真正的目标。"[1]

在此，我们可以看出：在西田看来，宗教是关于人类自我与宇宙的终极统一的问题，而统一的根本就在于上帝。西田认为，上帝的重要性在于：上帝分别是我们自身和宇宙的基础。也就是说，上帝是人类和宇宙之共同基础。通过这一共同基础，我们便可与宇宙形成沟通与对话，从而谋求在终极层面上的统一。

针对上帝的本质就是一种"统合"的力量，西田认为："我们的上帝必须是宇宙的内在的统合力量。他使得天体和地球运转，养育其中各种各样的物体。除了这种力量之外，便没有上帝了。"[2]他进一步指出上帝的特征："这宇宙的内在的统合力量，其实是在精神方面的统合力量。上帝是精神性的，但他具有宇宙论的力量，能运转一切，包括

---

[1]　西田幾多郎.西田幾多郎全集第 1 卷.東京：岩波書店，1978，第 174 頁.

[2]　同上书，第 176 页。

天体在内。上帝既是宇宙内在的统合之力量，自然能够统合整个宇宙，因此上帝是宇宙的统合者。"[①]

在此，西田是站在形而上学的立场，而不是西方宇宙论的立场，因此，西田的上帝不是西方思辨式的性格，而是作为纯粹经验的一个实践的事实被建构起来的。在西田的纯粹经验中，"上帝的统合"是作为具有人格者而被经验，和作为爱和尊敬而被经验的。正如西田所说："上帝在他自身方面的自我发展，对于我们来说，是那无限的爱。"[②]

三、评价与反思

西田几多郎对宗教的理解，可谓是经历了一个曲折的过程，从主客合一的"自我"到神人合一，再到学问、道德和宗教的三者统一；从个人自我的问题到东西文化的融合，再到整个认识世界的问题。正如西田在《善的研究》中所提到的："学问道德的根底，宗教是必不可缺的，学问道德是由此而得以成立的。"[③] 他也强调："学问道德的极致也必须深入到宗教之中去。"[④] 由此可见，对西田而言，人生的问题是作为学问、道德、宗教三者统一的根本，它不仅牵涉到了哲学研究的原理问题，同时也是道德（善的行为）的极致，也是进入宗教境界的入口。也就是说，它是哲学、道德、宗教三者之间的内在纽带，即"真的自己是什么"这一问题所直接体现出来的。用知来统一主客观也好，使自他合一也好，西田始终是站在二元对立的系统上来表达其宗教感情的，虽然爱物在抛弃自我上和佛教达成部分一致，但西田还强调了他物，而佛教的修行目标之一就是破除我执，取消二元对立，爱

---

① 西田幾多郎.西田幾多郎全集第 1 卷.東京：岩波書店，1978，第 182 頁.

② 同上。

③ 同上书，第 45 页。

④ 西田幾多郎.西田幾多郎全集第 10 卷.東京：岩波書店，1979，第 352 頁.

物不但要抛弃自我，也要抛弃他物，佛教的统一是建立在空的基础上的。所以西田始终没有放下他的西方哲学立场。

晚年西田的思想重心，开始自生命的事实转移到真正的自我是作为历史的身体而展开活动的这一层次。西田指出："我们是在这个世界出生、活动而且死亡的。"[1] 正是基于这一根本的事实或者说"死的事实"，西田开始重新思考"宗教"的问题。西田认为，真正的自我"只有通过死，才能逆对应地与神相接近"，只有通过"逆对应"，我们的自我才能彻底地进入"永远的无"[2] 的境界。也就是说，只有这样，才能称之为真正的"自觉"。

小　结

审视西田几多郎与马赫、詹姆斯、柏格森、希腊哲学为代表的西方哲学家，以及基督教之间的对话，由此来评价西田几多郎所提出和诠释的"纯粹经验""自觉""场所"的概念以及西田哲学的宗教观。那么，这一系列理论的意义与价值，究竟何在？是否影响到了西田哲学研究？还是回归日本，从而真正地把握和建构日本的"哲学"呢？

首先，西田将自身的哲学立场与宗教体验结合在了一起。《善的研究》之所以被命名为《善的研究》，是因为西田认为："在这本书里，尽管哲学上的起先虽然读了马赫等人的著作，但总是不能得到满足，后来，由于体会到不是有了个人才有经验，而是有了经验才有个人，而且经验比个人的区别更是根本性的，就从这种体会出发，摆脱了唯

---

① 西田幾多郎. 西田幾多郎全集第 11 卷. 東京：岩波書店，1979，第 451 頁.
② 同上书，第 408 页。

我论；并且由于认为经验是能动的，从而可以和费希特以后的超越哲学进行调和。”① 由此可见，西田提到的“纯粹经验”是与时代的潮流，或者“超越论”相一致。后来，西田提到了“终结”的问题，即人生的问题不仅是以哲学为依托，同时也必然超越它。在此，与其说它是一种哲学超越论的超越，倒不如说是沿袭了过去的“情意”论，以哲学的立场为根本，站在道德和宗教的立场来研究自我的实现与完成，生命的更新等一系列问题。这一超越反映了西田在经历了几十年的经验积累与哲学的思索后，试图将哲学、道德、宗教加以统一的愿望。

其次，近代以来的西方哲学始终突出的是主体性的立场，但是西田将“物我合一”解释为“纯粹经验”，应该说这一立场本身就是对近代以来西方哲学的一大颠覆。不仅如此，西田之后提出的带有哲学之逻辑性的“无”“场所”等一系列概念，一方面与东方哲学的传统，尤其是佛教思想极为接近，拓展了东方传统思想的哲学性建构的可能性；另一方面，西田几多郎批判的是西方的几乎与自己同一时代的哲学，充分地体现出与之“对决”的立场与态度。这样的立场与态度，即便是到了推崇“传统文化输出”、强调“理性的对话”的现代，无疑也具有重要的现实意义。

再次，西田对于自身哲学的“解读”也是抱有了一定的警觉态度。西田曾经强调指出，绝对不可以否定各个国家为了实现自己的“个性的”发展而行使“独立权”，若是将“其他的主体也作为自我来把握的话，那也就是一种帝国主义”②，由此也就会成为一个以排他性的“民族主义”为基础的“侵略主义”“帝国主义”的社会共同体。西田最为担心的，也正如其指出的：“应该最为警戒的，我认为就是所谓的日本

---

① 西田幾多郎.西田幾多郎全集第 1 卷.東京：岩波書店，1978，第 4 頁.
② 西田幾多郎.西田幾多郎全集第 12 卷.東京：岩波書店，1979，第 349 頁.

主体化的问题，这不过是皇道的霸道化而已。"①

最后，西田几多郎对"哲学"的解读涉及"传统的再生"这一时代主题。西田认为，传统具有了历史的再生意义，也就是说传统具有了"创造"的性格。但是，这样的创造绝不可以固执于自己的特殊性的立场。西田指出："文化应该是历史的现实的世界的自觉的内容，它原本就不是单一的存在，丧失了特殊性也就是丧失了文化。但是从独自的文化立场来发展独自的文化，只是沿着抽象的、个体的方向前进，这也不外乎是对文化的否定。各个文化在坚持他们自己的立场的同时，必须以世界为媒介来发展自己，从而使真正的世界文化得以形成。"②"以世界为媒介"来发展自己，共同形成一个真正的世界文化，由此才能真正地进入一个"世界的自觉的世界史的时代"，这也正是西田所强调的历史的"创造"之归结。

西田突出强调了与西方哲学的对决，具有深刻的意义。但是，也会落入一个内在的"自我"与外部的"他者"之间的框架，即"绝对矛盾的自我同一"所揭示出来的自我与他者之间的主体间性，也就会走向一个以外部的他者为媒介来归化自我本身的逻辑，并且会无可避免地陷入"对决"的循环论中。

---

① 西田幾多郎.西田幾多郎全集第12卷.東京：岩波書店，1979，第341頁.
② 西田幾多郎.西田幾多郎全集第7卷.東京：岩波書店，1979，第452～453頁.

第五章 近代"日本哲学"
建构与诠释研究综述

本书的绪论中曾提到站在"概念史"的视域来审视既有的近代日本的西方哲学东渐研究，也就是进行描述性研究、批判性研究和规范性研究，并指出：所谓"描述性"，也就是叙事性地解析近代日本哲学研究的历史文献与研究资料；所谓"批判性"，可以说是反思性地评价"日本哲学"所谓的"合理性"与"非合理性"；所谓"规范性"，可以说是在描述性与批判性的基础之上，通过归纳近代日本哲学演变的基本特征，进而推演出近代日本哲学建构的基本模型。为此，本章站在逻辑推导的视角，就西周、井上哲次郎、西田几多郎的"哲学"诠释与建构，以及"日本哲学"的存在样态，展开怀疑，进行反思，并借助概念史研究的理论进行阐述与探讨，并尝试归纳出各个不同视域的基本特征与本质内涵。

本章将进一步沿着这一轨迹，结合近代"日本哲学"诠释与建构研究的批评与反思，论述"思想启蒙化是根本前提、知识的制度化是基本标志、思维结构日本化是内在基准"这一模式是否成立的关键问题。

第一节 近代"日本哲学"诠释与建构的评价

如何评价近代"日本哲学"的诠释与建构？正如本书绪论所阐述的，要站在"概念史"的视角来对它加以批评与反思。应该与近代日本哲学的发展轨迹保持一定的距离,站在它的外部,尤其是"概念史"的视域来审视它。

概念史的视域,最为突出地反映为对各个学科的逻辑起点,尤其是基本概念的演绎提出深刻质疑。在此,本书结合这样的解释方式,结合对近代"日本哲学"诠释与建构的批评与反思,通过重新审视日本近代哲学的思想启蒙化、制度化、日本化之间的关联性,批评性地审视和反思"哲学"在近代日本是如何被赋予一种合法化,乃至究竟存在什么样的问题,并且批评性地、规范性地认识与分析它的成功与缺失以及合理性与误读的问题。

一、西周"哲学"诠释与误读的评价

迄今为止,围绕西周的评价,大多数的研究将之颂扬为"日本哲学之父",也就是最早将"philosophy"介绍到日本,并将之翻译为"哲学",且让这一概念得以确立下来的启蒙思想家。在日本哲学史的研究者中,对西周的评价也出现了多样化的趋势,呈现出了多样化的诠释。

第一,站在哲学的立场,日本哲学史研究者藤田正胜通过追根溯源式的哲学史料分析,阐述西周如何将"philosophy"翻译为"哲学",考察日本思想家中江兆民将"哲学"表述为"理学"的立场和目的,并进一步将西田几多郎探索哲学的出发点与西方哲学家笛卡尔"怀疑一切"的现代性勾连起来,最终论证西周翻译"philosophy"为哲学的基本态度是避免儒学和哲学"混同",其最终目的可以归结为"接续西方"这一主题。[①]第二,站在思想史的立场,日本学者高坂史朗通过考察以西周和井上哲次郎为代表的近代日本哲学者构建以西方学术为

[①]〔日〕藤田正胜:《日本如何接受"哲学"?》,吴光辉、杨晓莉译,《日本问题研究》2012年第1期。

根本模式与价值体系的问题，推导出近代日本批判脱离儒学，而接受融入西学的精神轨迹，由此来论证近代日本在接受西方过程中的主体性与合理性问题。[①] 第三，站在希腊哲学原典的立场，中国学者林美茂指出，西周对于西方"philosophy"概念存在着根本性的误读，将之把握为为己之学，而非追求未知的存在，由此陷入东西方文明冲突的"困境"之中。[②]

这样一个多样化的评价与诠释，令我们不得不思考西周是否真正地理解了"philosophy"，是否正确地把"philosophy"输入到了日本，并如何转化和建构"哲学"的问题。之所以选择这一问题，即在于迄今为止的不少研究大多是阐述日本输入哲学之际的中国文化情结，重新整理作为翻译语的"哲学"的文化内涵，而忽略了日本是否"正确地""准确地""如实地"输入了"philosophy"的问题。

首先，针对西周就"philosophy"进行的诠释，大多数学者忽略了经过西周而介绍到日本的"philosophy"究竟是一个什么样的"哲学"。依照日本学者北野裕通的研究，西周在1862至1864年留学荷兰期间，接受了来自实证主义哲学家西蒙·菲塞林（Simon Vissering，1818—1888）、康奈里斯·威廉·奥朱摩（Cornelis Willem Opzoomer，1821—1892）的实证主义哲学。[③] 它也成为西周坚持哲学活动的思想根源。不过，这一学问虽名为"哲学"，却绝非欧洲哲学的主流。众所周知，18世纪德国哲学家康德力求使主体与客体统一起来，从而实现了西方哲学形而上学体系的一次重大飞跃。美国现代哲学家理查

---

① 〔日〕高坂史朗：《从儒学到哲学》，见卞崇道、〔日〕藤田正胜、〔日〕高坂史朗主编：《中日共同研究：东亚近代哲学的意义》，沈阳出版社，2002年，第67～75页。

② 林美茂：《"哲学"抑或"理学"？——西周对Philosophy的误读及其理论困境》，《哲学研究》2012年第12期。

③ 藤田正勝編. 日本近代思想を学ぶ人のために. 東京：世界思想社，1997，第10頁.

德·罗蒂曾评价康德："设法把旧的哲学概念——形而上学是'科学的皇后'，因为它关心的是最普遍、最少物质性的问题——改造成为一种'最基本的'学科的概念，即哲学是一门基础的科学。"[1]继康德之后，黑格尔通过实现绝对理性的自我意识，围绕"绝对主体"（绝对精神）这一基本命题，建立起一个令人叹为观止的客观唯心主义的体系，标志着传统西方哲学获得了最高的成就。这一形而上学的体系不仅"影响了英、美的大学哲学教育"[2]，也引发了费尔巴哈和马克思的批判与反思。就此而言，西周所处的19世纪后半期，与其所接受的实证主义相对应的，一是作为运动的共产主义思想，二是来自德国的理性主义哲学。换言之，西周接受的实用主义，不过是西方哲学中的非主流存在，不足以代表这一时期欧洲的核心思想，亦与后世宣扬的德国思辨哲学处在了截然不同的地位。

西周在解读"philosophy"之际，将它视为一个学科体系，即"统辖百科之学"与"百学连环"，二者之间实质上存在着巨大的差异。西周曾在《生性发蕴》一文中强调："我并非以汉土之儒学和天竺的佛学为根源，而是以法国哲学家孔德的实理学（Positive Philosophy）为根据，以近日英国著名的学问大家约翰的归纳致知学为方法，而开始思考的。"[3]以古代希腊为发源地的传统哲学，秉持"爱智"之名，成为研究理论与观念的"体系化的学问"。换言之，"哲学"通过确立终极的原理，由此而引导出一切知识，将之统一为一个体系。不过，正如理查德·罗蒂所言："哲学的首要性不再是由于其'最高的'位

---

① 〔美〕理查德·罗蒂:《哲学和自然之镜》，李幼蒸译，生活·读书·新知三联书店，1987年，第116页。

② 〔英〕伯特兰·罗素:《西方哲学简史》，文利编译，陕西师范大学出版社，2010年，第376页。

③ 大久保利謙. 西周全集第4卷. 東京: 宗高書房，1981，第36頁.

置,而是由于其'基层的'位置。"① 与这样的"基层的"位置设定不同,西周在就哲学的概念和目的进行重新界定的时候,可谓是将之置于"最高的"地位。西周在《百学连环》中提道:"哲学乃科学中之科学(Philosophy is the science of science)。故哲学统辖诸学,犹如统辖国民之国王,诸学皆归哲学之统一统辖。"② 在此,西周所谓的"统辖",就是以体系化为目的的"归纳"的方法,即尝试将科学或者真理解释归结为一。这样的"归一",正如日本近代著名哲学史家麻生义辉,站在文化史的立场,高度赞美西周的《百学连环》乃"这一时期我日本精神文化之最高水准,实在令人惊叹不已"。③ 也就是将之概述为"日本"独有的"精神文化"。就这样,"哲学"成为日本学者宣扬所谓日本精神文化的一大"工具"。

西周在解读"philosophy"之际,是否带有了自身作为东方人的思维方式,这一点或许也可以说是西周融汇了东西方的哲学思想,但是也留下了不少问题。最为关键的就是西周视野下"哲学"究竟是为了探究未知,还是为了把握人生的问题。依照西周在《生性发蕴》一文中的理解:"古代希腊国诸贤哲之间自古就有哲学相传,而伪学家则称五官悉是欺人,万有皆不可知。于是,著名的所哥罗埕斯(苏格拉底)驳斥之,认为知与不知亦是知也。性理致知,遂为道破,哲学得以再兴。"④ 在此,东方的性理致知之学与哲学等同起来,而"知与不知亦是知也"的论断也就意味着在西周的眼中,学问最终的目的依旧不曾脱离"为己之学"。这样一来,所谓"哲学"探究的终极目标,也

---

① 〔美〕理查德·罗蒂:《哲学和自然之镜》,李幼蒸译,生活·读书·新知三联书店,1987年,第116页。
② 大久保利謙. 西周全集第4卷. 東京: 宗高書房, 1981, 第146頁.
③ 麻生義輝. 西周哲学著作集. 東京: 岩波書店, 2009, 第380頁.
④ 大久保利謙. 西周全集第1卷. 東京: 宗高書房, 1960, 第30頁.

就是与孔子所谓的"尽己"如出一辙。针对这一问题,日本学者狭间直树曾指出:"西周始终是以朱子学,即东亚的学术体系为根基来接受哲学,以人生为目的来把握哲学。"① 与之相反,高坂史朗则是站在儒学批判的视角,指出:"西周的意图在这里也就是使学问从先王之道、孔子孟子的权威之中解放出来,通过弄清学问的整体结构,使各个学问得以区分明了各自所处的位置。"② 也就是为了"脱离儒学乃至中国化的思维方式"。但是在此,我们也不得不指出,西周针对西方哲学,尤其是希腊的"philosophy"的理解不过是东方式的知识论的延续,本质上未曾把握到"知"的形而上学的追求,故而存在着根本性的误读。哲学应该以"追求学问的崇高和未知"为己任,但是西周却将之回归到东方思想的立场,将朱子学的"修己治人",将"为己之学"贯彻到底。这样的一个根本性的"误读",也令近代日本逐渐脱离了科学的、求真的轨迹,走向了一条自我审美、自我诠释的道路。

概言之,西周针对"philosophy"的误读,第一在于将荷兰的实证主义哲学视为西方哲学的主流,并将之作为最具实用性的哲学思想来加以援用;第二在于将"哲学"视为具有最高地位的统辖之学,而不是最为基础的学问;第三在于将"哲学"把握为与朱子学的性理之学几乎一致的"为己之学",失去了形而上学式的本质追求。正是这样的一个误读,也导致了西周围绕"哲学"的探讨停留在了概念的逻辑、方法的整理、学问的体系化等一系列问题之中,从而失去了"philosophy"最为本质的求真、求实的性格。

---

① 〔日〕狭间直树:《西周留学荷兰与西方近代学术之移植——"近代东亚文明圈"形成史·学术篇》,袁广泉译,《中山大学学报(社会科学版)》2012 年第 2 期。
② 〔日〕高坂史朗:《从儒学到哲学》,见卞崇道、〔日〕藤田正胜、〔日〕高坂史朗主编:《中日共同研究:东亚近代哲学的意义》,沈阳出版社,2002 年,第 68 页。

二、井上哲次郎"哲学"统合与建构的评价

首先，从"哲学"的接受与诠释路径上看，如第三章所述，1884年，作为日本学院派哲学的代表性人物井上哲次郎被派往德国留学，通过六年的学习，带回大量德国观念论著作和哲学史知识，并从1890年开始，在东京大学开设"东方哲学史"课程，开始了自己西方学问与东方思想融合的"知识制度化"的实践。在新康德主义哲学史观的影响下，井上用"哲学"的理念和规则来整理东方的思想资料，先后写出了《日本阳明学派之哲学》《日本古学派之哲学》《日本朱子学派之哲学》等著作，全面开启了用西方哲学的框架和方法来研究中日传统思想的欧化理路。同时，以井上为代表的学院派哲学家们还清算了启蒙时期"实学"的实证主义哲学，致力于"纯正哲学"的形而上建设，将德国唯心论哲学的移植与东西方文化的综合提升到了一个较高的层次。

其次，从接受和转化"哲学"的方法而言，井上哲次郎全力译介与引入西方哲学，如斯宾塞的社会进化论，德国古典哲学等这一"嫁接"，从逻辑上看不过是根据"移植即实现"的功利性逻辑，认为依此即可实现"日本哲学"的目标。而且，井上哲次郎的立场在于"现象即实在论"，但是，或许是困囿于明治时期的历史语境，井上将哲学立场下"圆融实在论"与日本国体、日本天皇进行了一个概念置换，来构想其独特的"现象即实在论"。对于这一论断和问题，明治时期的哲学家中江兆民曾在1901年撰写的《一年有半》中提出批评："我们日本从古至今没有哲学。本居（宣长）、平田笃胤之徒，探古陵、修古辞，不过一考古家而已。近日，加藤某（弘之）、井上某（哲次郎），自标榜为哲学家，虽世人亦或许之，其实不过照搬自身之所学泰西某某之论说，所谓囫囵吞枣，不足称之为哲学家。"[1] 也就是说，中江兆

---

[1] 中江兆民. 中江兆民全集第10卷. 東京: 岩波書店，1986，第155頁.

民这样简单明快地否定了明治时期引进的所谓哲学思想和这个时期的学者，认为需要的是"康德或者笛卡尔"这样真正的"哲学"。可以说，中江兆民既是提出了一个时代的问题，又是对井上建构的明治哲学的质疑：对于西方思想和东方思想，原封不动地全盘接受与囫囵吞枣地接受消化模式，是否足以建立日本独特的具有主体性的哲学？可以说，井上哲次郎试图阐述的明治哲学正是在这样的连续性与非连续性，哲学的普遍性与思想的主体性之间摇摆不定。

最后，如何将东西方哲学"融合统一"，由此来确立实现"圆融实在"的终极目的，也就成为井上哲次郎的根本目标。不过，尽管井上曾经构思东方哲学史这一学问，也希望门下弟子来承担起构筑的任务，但是"在这之中，唯有日本儒教史，才比较勉强地就井上的研究展开了学术性评价。这导致了日本哲学史这一领域不管是在制度上还是在原理上皆无法取得独立，也不会犹如其他的学问一样出现一位万众瞩目的学派之祖"①。所谓日本儒教史，也就是井上编撰的日本朱子学、阳明学、古学派的系列研究著作。究其目的，一个是构筑起可以与西方对话、抗衡的东洋学术；一个是建立符合明治政府需要的知识体系而进行呐喊和构思。一言蔽之，井上哲次郎所谓"日本儒教史"的叙事逻辑，就是站在近代明治国家形成的思想史的立场，尝试构筑起融合、超越东西洋哲学的新学问。② 但是，原本应该是学问的阐释，"日本"或者"日本的"性格却反过来成为被突出的对象，故而这样的主张也只能是一种"东洋主义的复权论"。③

---

① 磯前順一. 近代日本の宗教言説及び系譜——宗教·国家·神道. 東京: 岩波書店, 2003, 第95頁.

② 下村寅太郎、古田光編. 現代日本思想大系第24巻. 東京: 築摩書房, 1965, 第70頁.

③ 〔日〕高坂史朗:《东洋与西洋的统合》, 吴光辉、林斌译,《日本问题研究》2012年第3期。

审视井上哲次郎"哲学"统合和建构的诠释内容、建构目标与落实之处，可以把握其构建"日本哲学"的问题之所在。第一，井上"日本哲学"的撰写是以所谓的"时代使命"为出发点来进行的，故而尤为注重时代精神的自我展现，而缺失了哲学式的逻辑起点。第二，井上"日本哲学"建构在面对西方哲学之际，遭遇到无数的"困境"，他却将这一问题转化为以"日本国民"为对象的国民道德论，凸显出明治日本的政治需要。第三，井上构建的"日本哲学"架构最后落实到日本独特的"武士道"，体现为所谓的"日本精神"。就此而言，若是站在话语批评和概念史的视角来探究井上"日本哲学"的撰写、建构与落实，可以说其实质不是为了彰显"哲学"本身，而是以此为媒介来最终实现"日本精神"的创造，从而体现日本"天皇制国体"的存在。

三、西田几多郎"日本独创哲学"建构的评价

西田在 1936 年《善的研究》中译本序言中曾特别提到这一哲学问题："哲学是学问，而同时又与艺术、宗教相同，必须成为基于我们的性情的生命的表现。……我们东洋人的哲学，必须成为我们的生命的表现，必须成为几千年来孵化我们祖先的东洋文化的闪光点。关于哲学的学问的形式，我以为不可不学于西洋，而其内容，则必须为我们自身的东西，自我的东西。而且我是一个相信我们宗教艺术哲学的根底比诸西洋更为优越而并不逊色的人。"① 也就是说，西田强调哲学的"生命的表现"。西方人有西方的生命的表现，也就是西方的哲学；而东方人也有东方的生命的表现，也就是东方的哲学。西田始终致力研究的是逻辑，也就是"无的场所"的逻辑问题。而这一逻辑也是以

---

① 西田幾多郎.西田幾多郎全集第 1 卷.東京：岩波書店，1978，第 466 頁.

西方的逻辑为"媒介"而形成的。西田试图通过这一逻辑来赋予东方的知识结构以一种逻辑化，为东方思想的发展建构一个逻辑的基础，并将哲学把握为自我认识和自我阐释的方法论。在此，可以说西田的诠释与建构既有依据东方文化传统的根本事实而展开诠释的显性特征，又有把"东洋人的哲学"即"日本哲学"树立为"真正的自我"之学问的巨大"误读"。因此，正如前文所述，应该站在概念反思的立场进行评价。

第一，如何把握哲学的"普遍"的问题。就哲学的"普遍"的问题而言，依照明治以来的日本哲学家的论断，哲学是"统辖百科"之学，哲学是"国民道德"之学，哲学是探究"生命"之学，哲学具有了普遍的意义。但是，我们进一步审读西田几多郎的阐述，却可以认识到，所谓哲学的"普遍性"的问题，并不在于"哲学"本身的问题，而是在于"哲学"作为"身体"——东方、西方、日本或者中国的载体而具有了一种无处不在、无时不在的"普遍性"。西田几多郎针对哲学的认识与评价就是以这样的质问为开端。以西田的第一部哲学著作《善的研究》为例，西田写道："近代欧洲哲学取得令人瞩目之成就，然而知识与情意的统一却出现了两者互相分离之趋向。但是，这并不符合人心本来的要求。"[①]所谓"人心本来的要求"，也就是"知情意合一"的根本事实。正如西田就"哲学是什么"这一问题，在1932年的《无的自觉的限定》一书中表述："哲学是基于'内心生命的自觉'，我认为人生的问题不只是哲学的问题之一，倒不如说人生的问题就是哲学本身的问题。哲学的真正的动机，就在于我们的行为的自我的烦恼。……而且它只要具有生命的自觉意义，就必然是民族的，德国有德国的哲学，英国也必然拥有英国的哲学。"[②]也就是说，西田将哲学

---

① 西田幾多郎.西田幾多郎全集第1卷.東京：岩波書店，1978，第47頁.
② 西田幾多郎.西田幾多郎全集第6卷.東京：岩波書店，1979，第178頁.

视为"生命的自觉"或"行为的自我"而展开思索。在这里，西田强调了哲学的"生命的表现"，西方人基于西方的生命的表现，从而创造出了西方的哲学。而东方人也持有东方的生命的表现，从而也能创造出东方的哲学。

不仅如此，西田还拒斥了将二者嫁接在一起，也就是所谓的"融合"的立场。1935 年，西田在《东方思想与西方思想》一文中主张："学问的核心在于持有了一种生命。我们将西方的学问拿来，将它移植到与西方传统完全不同的东方体系之中，它的学问的生命也必须加以完全改变。我们不能简单地将它视为一种工具式的结合。"① 这段话看起来仿佛是强调要借助西方的学问，也就是以哲学来理解东方的传统，但实质上却令我们不得不提出疑问，改变了学问的生命的西方学问是否依旧是纯粹的、真正的西方学问？西田在此将具有"普遍性"的哲学的问题创造性地解读为不同的"生命的表现"，从而站在"差异性"的视角揭示了自身的哲学的可能性，也突出了日本哲学的可能性。

第二，作为世界本原的实在的问题与作为人生的自我的问题，在西田几多郎的《善的研究》中合而为一，这一点也成为一大问题。围绕这一问题，日本学者藤田正胜指出："《善的研究》的最大的一个问题，就是将'实在'的问题与'真正的自我是什么'的问题合二为一。"② 不过，藤田教授未就此进行深入的探究，而是将这样的立场视为西田的"独创性"的体现。不过，审视这一立场，也可以阐明一点，即西田将欧陆哲学的根本问题，即"世界的本原是什么"的问题加以消解，将东方式的"自我"的问题无限地加以提升。这一点也可谓是

---

① 茅野良男、大橋良介編. 西田哲学：新資料と研究への手引き. 東京：ミネルヴァ書房，1987，第 39 頁.

② 藤田正勝. 現代思想としての西田幾多郎. 東京：講談社，1998，第 182 頁.

东方哲学，或者说西周的人生哲学、井上哲次郎的国民道德论的一大延续。在《善的研究》中，西田提到了"纯粹经验"，将之把握为"唯一的实在"，并指出："纯粹经验与直接经验是同一的，且知识和它的对象是完全合一的经验才是最纯的经验。"[1]与这样的"纯粹经验"相呼应，西田提到了"真正的自我是什么"这一问题，并将"自我"视为"人格"的要求，考虑为"善"而提出来。西田指出："从我们的心灵深处所迸发出来的，逐渐包容了我们整个心灵的一种内在的要求的声音"[2]，西田认为遵循这一要求或者声音，也就是"善"；发自"自我本身的性质"之要求，并将它加以实现，就是西田所说的"善"。不仅如此，西田还将之扩大到了国家范畴，指出："如今，作为统一的共同道德之国家应该有更高的目标，那就是把全人类结成一体的人类社会的团结。"[3]不言而喻，西田真正地将"唯一的实在"——"纯粹经验"，作为道德、意志的人格或者"善"，作为终极目标的"国家"乃至"人类"的范畴统辖在一起，实现了所谓的"知情意的合一"。[4]究其根源，或许正如西田所说的："我们东方人必须进行一种东方式的思索，更为严格地说，是作为日本人，不管怎么样必须以日本的方式进行思索。"或者说"我们不能单纯地将日本视为孤立的，而是必须从日本的立场出发进行世界性的思索"。[5]

第三，何谓日本哲学的问题。与西方哲学相对抗而产生的日本哲学，是融汇西方哲学而产生的日本哲学，还是创造出具有"世界性"的日本哲学。围绕这样的问题，西田也落入了现代性的陷阱之中，但

---

[1]　西田幾多郎.西田幾多郎全集第 1 卷.東京：岩波書店，1978，第 9 頁.

[2]　同上书，第 154 页。

[3]　同上书，第 161 ～ 162 页。

[4]　同上书，第 63 页。

[5]　西田幾多郎.西田幾多郎全集第 14 卷.東京：岩波書店，1979，第 9 頁.

是却困顿于无法将日本哲学的形式与内容统一起来。这或许也是"日本哲学"这一范畴不可逃离的"困境"之所在。西田在回溯明治时代以来的历史时，指出："这一时期西方的哲学和思想陆续被日本移植过来。但是明治的前半期为英美的哲学所占据，以后到了今天（1932年）为止，完全是处在德国哲学的支配之下。"[①] 日本自身的哲学则一直处于难产的困境中。事实上，作为形而上学的"知"这一未来的问题，一直就是西田几多郎毕生探索的哲学问题。西田几多郎曾在《从动者到见者》的序言中提道："几千年来一直在哺育我们祖先的东方文化之根底，岂不是潜藏着所谓见无形之形、闻无声之声的东西吗？……我想赋予这一要求以哲学根据。"[②] 在此，这样的潜藏在东方文化根底的逻辑，也就是西田所谓的"绝对无的场所"的逻辑。学术界一般认为西田哲学是以西方为形式，以东方为内容，由此而形成的融合式的哲学。但是，西田却突出了"绝对无的场所"的逻辑，力图谋求形式与内容的日本式的统一。这也是日本接受"哲学"这一概念，希冀确立"日本哲学"的终极目标之所在。不可否认，西田在此联想到的西方哲学，或许我们难以把握究竟指的是什么，但是西田却基于希腊哲学的思索而确立了"西方哲学"的统一性范畴，由此也就推导出了与西方哲学相对立、对抗的道路，并将之视为日本哲学得以创造与形成的必然途径，由此而构筑起来的"日本哲学"也必然带有了统一性的表象与内涵。

与西洋文化"以有为根底"相对立，东洋文化"以无为根底"，西田几多郎采取了比较的视角就两种文化类型进行了论述。而且，在与西方文化进行对比之际，西田也提到了西方文化所不曾有的，东方文

---

① 西田幾多郎.西田幾多郎全集第 13 卷.東京：岩波書店，1979，第 407 頁.

② 西田幾多郎.西田幾多郎全集第 4 卷.東京：岩波書店，1979，第 6 頁.

化的共同特征，也就是"无"。与此同时，西田也关注到了印度文化的
"知的无"的性格，中国文化的"行的无"①的性格，而将日本的性格
界定为"情的无"，指出日本文化尽管在古代接受了来自中国文化、印
度文化的影响，但是随着后来日本佛教的发达，也就成为"情的"②文
化。在此，西田一方面将西方与东方对立起来，假设了面对西方之际，
东方必须利用西洋的学问来理解自身的传统，以树立可以与之对抗的
东方；一方面勾勒出了"东洋"内部的多样性，并假设东洋内部的
"统一"可以构建起与西洋相对抗的基础。正是这样的对抗意识、对决
态度，造成了西田几多郎作为日本哲学的独创者而针对"哲学"的根
本性的、创造性的"误读"。

审视近代日本诠释并接受来自西方的"philosophy"和建构"日
本哲学"的过程，我们可以认识到，这一过程不只是单纯的输入、移
植或者嫁接，而是始终存在着针对西方哲学的自我诠释，存在着以树
立日本哲学为终极目标的倾向，更存在着为了历史或者现实的需要而
不得不展开的"误读"。换言之，以西周、井上哲次郎、西田几多郎
为代表的一批日本哲学者，一直保持着自身的主体性思维，或是与传
统学问相区别，或是与日本精神相融合，或是以日本哲学为目标，来
进行着诠释与解读，实则是"误读"，由此也成就了"日本哲学"的
诞生。

"日本哲学"在整个日本近代的演变和建构过程中，"诠释"与
"误读"作为不可忽视的现象始终存在。不管是以西周为代表的启蒙主
义式的哲学翻译活动和以"哲学"为基础建立的"百学连环"的学问
体系，或者是井上哲次郎的东西融合式的哲学制度化，还是以西田几

---

① 西田幾多郎.西田幾多郎全集第4卷.東京：岩波書店，1979，第341頁.

② 同上书，第342页。

多郎为中心的独创哲学的尝试，皆是以西方哲学为源泉，为西方哲学所触发而得以实现的。日本也并非单纯将之翻译介绍过来，而是采用自身的解释方式，或是推动日本自身的文明开化的启蒙思潮，或是为了树立天皇制国家体制下的国民道德，或是谋求成为世界知识体系的创造者以确立“日本哲学”。

第二节　近代“日本哲学”诠释与建构的模式

承接以上对西周、井上哲次郎和西田几多郎诠释与建构“日本哲学”的审视与批评，本节将对日本接受“哲学”和建构“日本哲学”的基本模式进行一个阐述。依据本研究的批评性的叙事结构，或许我们对“日本成功地实现了‘哲学’的日本化”这一观念难以认同，而将这一评价的视角转向“成功”背后的“缺失”。

依照本书的研究，以西周、井上哲次郎和西田几多郎为代表的近代日本哲学者一直力图通过历史考证、实证解析、思想独创的方法来探索西方“philosophy”的本质、系统、特质。在这一过程中，日本经历了思想的启蒙化、知识的制度化、思维结构的日本化等一系列变奏，且构建起了与近代西方哲学思想彼此交流、相互影响的“对话”或者“对抗”模式，并形成了日本接受西方“哲学”、构建近代哲学制度、创立日本哲学的独特轨迹。

首先，哲学思想启蒙是前提。求知识于世界，是明治维新以来的日本既定的国策与方针。这样的一个所谓“世界”的观念，是在排斥了东方的中国、朝鲜学问和思想，在一个没有甄别的前提下摄取西方思想。由此，这一既定的国策与方针也就转向为“西方化”。哲学思想启蒙之所以是基本前提，在于明治初期的日本自上而下，从政治家到知识分子，可谓达成了国家富强必须开启民智，推动西化的教育和西方哲学思想启蒙的共识。以井上哲次郎为代表的官僚学者，站在制定新的教育制度的立场，否定传统的儒学教学的模式；而在野的知识分子如西周、福泽谕吉等则是借助自身创立的私塾和新闻媒体来团结有识之士，宣传和扩大知识启蒙，谋求教育进步。明治初期以西周为代表的日本启蒙思想家被称为"百科全书式"的学者，他尤为关注如何体系化地移植西方学术这一问题，不仅翻译诠释了"philosophy"这一概念，而且创立了"哲学"并秉承所谓"科学"的方法进行学科分类，尽管这一分类只是局限在学术领域，且没有真正实施到其自身从事的教育实践中去。可以说西周对"哲学"的演绎与转型，其最大的目的乃是借助西方哲学来触发自我本身，并实现日本的启蒙思潮。

其次，日本明治维新一开始的所谓"王权复古"（Restoration）[①]的政治改革之下，日本建立了统一性的教育管理机构——文部省。而后，日本政府先后颁布了一系列高等教育法规，并经历了明治初期的多元选择，到 1880 年代的注重英美自由主义，到明治中期一边倒地倾向于德国国家主义教育体制的一个过程。在这一过程中，日本也开始探索自身与西方的结合，谋求树立自身的天皇制国体下的教育制度。这一时期，哲学学科的设立可谓是近代日本的一大事件。1877 年东京大学成立之际的文学部，开设了史学哲学和汉学两大学科，可以说哲学科作为制度而得以设置起来。它的出现是近代日本接受西方的"哲学、科学"的形成来革新人文知识，并以此作为国家的宏大事业来加以推进的一大标志。井上哲次郎作为明治后期日本哲学界的重要人物，站在制定新的教育制度的立场，否定传统的儒学教学的模式，他不仅

---

① 　天野郁夫. 日本の教育システム——構造と変動. 東京：東京大学出版会，1997，第 39 頁.

在东京大学这一制度框架下进一步充实各个学科讲座，并且门下弟子英才辈出，组织了不少学会团体。在日本近代国家的形成过程中，人文知识的制度化乃是一个紧要的课题，并在国家形成之中占据着基础性地位。可以说，在日本近代化过程中，尤其是高等教育的近代化过程中，这一制度的核心宗旨在于为天皇制国体服务，它不仅确立了近代日本为国家培养人才的教育目标，与此同时也为日本社会的近代化提供了服务与指导。不过，审视传统的"政治中心论"或者"制度优先论"的叙事结构，问题的关键在于，这种制度化的本质特征在于一切皆为国家主导，即便是井上哲次郎这样的研究高深哲学思想和学问的知识分子，也不过是国家体制下的一个"臣民"而已。确实，井上试图高效地实现并建构"东西融合的哲学"，但是同时，他也陷入一个与西方或中国展开非此即彼的对决，最后走向极端而保守的民族主义的立场。

最后，纵观近代日本哲学的发展与演变，脱离不了西方化与日本化、传统性与现代性这样两个基本的对立价值框架。对于这样的一个框架本身，日本学术界也存在着大量的批评。究其根本，即在于这样的价值框架陷入了二元对立的陷阱之中，或者应该说日本的近代化本身就是陷入了这样的二元对立框架的陷阱之中。① 正因为如此，日本近代对西方学问尤其是"哲学"的诠释与建构也就一直在"西方化与日本化、传统性与现代性"的非此即彼的旋涡中徘徊不定。因此，我们必须站在现代性的立场，对西方哲学东渐乃至日本哲学的问题进行深刻的反思。

事实上，这样的二元对立框架不仅呈现在基于"体用逻辑"②的学

① 高坂史朗. 近代という蹉き. 京都：ナカニシヤ出版，1997，序言第 3 ~ 4 頁.
② "体用逻辑"的问题，见徐嘉：《"体用"范式下的近现代伦理启蒙》，《中国哲学史》2007 年第 2 期。

术构建中，也体现在本书提出的近代"日本哲学"建构过程中的，去"中国化"和从"西方化"到"日本化"的目标转向中。"西方化"是为了确证日本是否"如实地"接受来自西方的学问；"日本化"则是为了确保日本在这样的接受与转向的过程中是否具有了"独立"的精神。但是就整个历史轨迹与演绎而言，日本不仅要求树立起这样的"独立精神"，还将这样的"独立精神"转换为抛弃儒学、中国乃至东方，从而建构接受、对话、对抗，乃至超越西方的"日本"，尤其是超越性的"日本科学""日本哲学"等一类的学问。[①] 就此而言，所谓"日本化"，实质上绝不是单纯的"日本回归"，更多的则是兼容了过去的否定中国的儒学思想意识，融合西方哲学的知识，回归日本传统的观念。换句话说，"日本化"本身尽管在日本人眼里似乎已经实现了日本近代的文化自觉与身份定位，但始终只能以一个"折中体"的样态存在，并始终呈现出一个彼此分离又不断分化的悖论。在此，"诠释"与"建构"可以说很好地阐释了"日本哲学"之"日本化"的理念。所谓"诠释"，在本书中不仅仅是哲学本体论的概念，更是对这一时期日本哲学的特征与性质的归纳和界定，是在传统儒家思想的对比之下，对步入近代之后，特别是深受西方哲学影响之后而体现出来的特质的概括。这样的特质亦集中体现在"建构"，也就是借助西方哲学、排斥东方思想，构建日本所谓的具有进步内涵、世界意义的"日本哲学"。

日本始终尝试以自身的"特殊性"来对抗，乃至战胜以西方为中心的所谓"普遍性"。如果西周是站在谋求"嫁接"统一的、共通的基础立场，通过"哲学"的"知"来将东方与西方学问的根底加以等同视之的话，那么作为"日本独创哲学"的京都学派代表性人物的西田

---

① 藤田正勝、卜崇道、高坂史朗編：東アジアと哲学. 京都：ナカニシヤ出版，2003，第 7 頁.

几多郎则是站在与西方哲学对决和差异的立场，从而树立起针对"无"的形而上学的建构。不可否认，日本知识分子的根本目的，表面上看是如何去除西方化，如何树立日本话语权，但是究其实质，却在于如何将西方的学问或者价值"日本化"。

结　语

　　1853 年，西方打开了日本国门，由此一直到 1945 年日本战败，是日本接受西方的现代化，树立所谓的日本主义，进而采取以武力侵略亚洲、与西方争霸的一个时期。如何解读、审视这一时期，一直是中国学界尤为关注的一大重要问题。在此，本书尝试以 "philosophy" 这一概念的演绎为研究对象，探索日本知识分子是如何接受、转化、创生这一概念，从而建构起 "日本哲学" 的整个过程，进而站在辩证、批判的立场来审视这一概念的流变。

一、近代 "日本哲学" 的诠释与建构

　　本书通过以西周、井上哲次郎和西田几多郎为对象，勾勒出日本将 "philosophy" 确立为 "哲学"，并将之加以诠释转化，最后建构 "日本哲学" 的历程。具体而言：首先，作为近代日本启蒙思想家的西周，选择性接受欧洲实证主义哲学，翻译和创立 "哲学" 这一概念，并站在实证主义的立场提出 "百学连环" 与 "知说"，从而将东、西方的学问置于 "百学连环" 的平台之上，由此来构建近代日本乃至东亚知识体系，由此，西周以 "哲学" 为方法和根据，体系化地诠释近代知识体系，并试图借助它来建构近代日本的学科体系。作为日本学院派哲学的代表性人物，井上哲次郎站在东学和西学融合的视角，将日本的儒学、西方哲学与国家主义教育思想打成一团，并试图超越西方哲学，井上哲次郎对待 "哲学" 的态度和核心本质，可以说是适应 "国家需要"。西田几多郎以 "纯粹经验" 为中心，将之分别与马赫的

"现象要素"、威廉·詹姆斯的"pure experience"、柏格森的"绵延"相比较，可以说走过的是自"纯粹经验"到"自觉"，再到"场所"的哲学历程，在接受和转化西方哲学之际，西田几多郎走出了一条"接受、选择、对抗、创新"的轨迹。

在这一过程中，日本可以说走过了一条从"受容"到"变容"的轨迹。那么，来自西方的"philosophy"在日本究竟遭遇了什么样的"命运"，经历了什么样的转型？

第一，近代以来的日本对西方哲学的接受，到 1945 年为止，明治时代以来的西方"哲学"的移植与传播，大致经历了三个阶段，即法国—美国—德国，或者说经历了儒学、洋学、国学的论争时期—欧化主义时期—国家主义时期—日本主义时期。在这一过程中，西方化与日本化、科学与哲学、自由主义与国粹主义的论争可以说此起彼伏，错综复杂。但是，无论是什么样的思想或者潮流，最终皆归结到日本式的国家主义体制之下。就其特征具体而言，亦可以归纳为儒学、西方哲学思想、国家主义三大思潮交错在一起、彼此斗争进而融合的一个过程。就哲学而言，日本对西方哲学思想的接受一开始以英国、美国为主，到了1880 年代中期之后，德国的古典哲学和国家主义思想则成为主流。不仅如此，借助西学实现富国强兵的目标与维护日本天皇政体的主体意识，"社会思想和教育要为国家服务"成为当时明治政府以及教育领导者的一个共识。在这一观念的指引和推动下，自西方传播而来的西学也发生了转变，日本开始对之加以改造，使之适应了日本国家主义思想的需要。

第二，日本近代在吸收与改造"哲学"过程中，强调与发展了经世致用思想。西周曾指出，穆勒提出的"归纳"的研究方法将为"新儒学"的开启提供重要的理论指导。但是，这样的一切叙述皆不过是西方实证主义、功利主义的经验论立场的延续。通过翻译与确立"哲学"这一概念，西周的最大成果可以说在于突出东方的"空理"与西方的"实理"，由此也引导出"实学"的研究。日本学者在论述这一问题之际，借鉴西周的"实理""空理"的思想，建构起了日本"实学"的谱系。① 而且，无论西周是对儒学的批评还是对西方实证哲学的摄取，皆指向了日本自身学术思想的树立、转换与革新。可以说，正是这样的注重实用的思想，令日本在幕府末期、明治维新时期较为迅速地接受了西方的科学技术，并在政治上效法西方推进了资本主义改革，实现了近代化的转型。但是，过于强调实用，尤为突出技术，亦会导致忽视哲学中的"知"的追求，导致急功近利的思想泛滥，模糊善恶是非的价值观念，这一问题遗留下来的弊端或者恶果，通过"二战"之后直至今日日本对待侵略战争的态度即可一目了然。

　　第三，"哲学"概念在日本不断经历着演变。在这一过程中，西方哲学思想的传播与"误读"也是一个不可忽视的现象。无论是早期西周的实证主义哲学，还是西田几多郎的"西田哲学"，可谓皆是受到了欧美近代哲学的触发而得以登上历史舞台。欧美近代哲学思想，可谓是日本近代哲学思想的根本源泉。但是，日本并不是原封不动地将之翻译介绍过来，而是出现了一个主体性的解释方式。日本是否正确地理解了西方哲学思想，还是存在着一个根本的"误读"？对此，我们亦会产生疑问。不仅如此，如果日本没有"误读"西方的哲学思想，而是正确地加以摄取，那么日本是否就可以避免所谓"近代化的挫折"。② 这样的

---

① 陈晓隽、吴光辉:《"Philosophy"翻译的学际诠释与境位反思》,《学术月刊》2016年第 3 期。

② "近代化的挫折"的说法来源于日本学者高坂史朗的著作《近代之挫折——东亚社会与西方文明的碰撞》(吴光辉译，河北人民出版社，2006 年)。高坂指出，"近代之挫折"这一标题可谓摒弃了"最早地"或者"成功地"这样的传统话语，指出东亚社会的近代化本身就是一个挫折。正如该书序言所指出的，东方的近代化一开始就陷入了"和魂洋才""东道西器""中体西用"这种东西二元对立的陷阱，这样的一个陷阱，不仅对近代东方人的西方理解与世界认识，同时也对东亚近代化过程中所出现的日本主义、东方主义、大亚洲主义等一大批观念带来了深远的影响。

问题，也成了当下日本思想者的关注焦点之一。可以说，"philosophy"
在近代日本的传播与解读，存在着日本思想家依照所谓的"进步"或
者"否定"的自我诠释、依循时代或者国家的必然需要、依据东方文化
传统的根本事实而展开诠释的显性特征，同时也存在着将"philosophy"
把握为"最高的学问"来统辖一切，使"哲学"与近代日本的"国民道
德论"结合在一起，把"日本哲学"确立为"真正的自我"之学问的巨
大"误读"。

二、"日本哲学"的建构和问题

接受了西方哲学的近代日本，究竟要建构什么样的哲学？事实
上，如果我们将西周作为第一阶段，即延续西方、建构西方的"学问
体系"的话，那么，井上哲次郎则是通过将东方的传统与西方的哲学
"打成一团"，从而将之落实到了现代日本的高等教育制度中，建构起
了作为制度的哲学思想。因此，日本要建构什么样的哲学这一问题的
解读，若是我们止步于此，那么也就只能回到西方去寻找。换言之，
唯有到了西田几多郎的"独创哲学"，我们才能找到这一问题的本质所
在，即日本不管建构什么样的哲学，皆必须是"日本式"的哲学。

1934 年，西田几多郎发表了著名的《从形而上学的立场来看东
西古代的文化形态》一文。在此，西田指出：形而上学作为一个文化
研究的前提，不仅必不可少，同时更需要立足形而上学的立场，进一
步深刻地研究东方与西方的文化的"型"（pattern）。西田进一步指出：
希腊哲学将"有形的东西，被限定了的东西视为实在，形相被视为了
实在"[1]，它是一种有的文化。基督教的文化也是一个"完全的有的文
化"。"欧洲的近代文化是通过希腊文化和基督教文化两大源流综合而

---

[1]　西田幾多郎.西田幾多郎全集第 7 卷.東京：岩波書店，1979，第 430 頁.

成"①，它的根本也就是"有的形而上学"。至于近代以来西方哲学的发展，以集大成者黑格尔的逻辑为证，也是一种"绝对的有"的逻辑。因此，西田认为："西方文化的根本，是一种有的思想。"②

针对这样的西方文化，印度的佛教则认为万有皆是无，是一种"无"的思想。就中国文化而言，老子的思想就是一种"无的思想"。③提倡"从礼"的孔子的天的思想，也是有一种否定主体性的意义，可以说是一个"无"的思想。而且，"宋代（儒学）与佛教的结合"促使中国出现了一种新的形式的"无"的思想。不仅如此，西田进一步将印度的"无"的思想的特征定位在了"知"或者"知的无"；中国的"无"的思想是一种强调"行"的无。总之，西田认为东方文化的深层在于"无的思想"。④

明治时代以来，西方的哲学和思想陆续被日本移植过来。但是，"明治的前半期为英美的哲学所占据，以后到了今天（1932 年）为止，完全是处在德国哲学的支配之下"⑤，日本自身的哲学则一直处于难产的状况。对于这一现象，西田指出："认为东方文化不发达，而一旦要发达，就必须成为西方文化。这种观点是错误的。……所谓东方文化和西方文化，也是必定走不通的。它必须通过输入东方文化才能发展起来；而且东方文化也会通过融入西方文化而发展起来。"⑥也就是说，东方文化和西方文化的独立发展是不足以得到存在与发展的契机，未来的文化必须是东西统一的文化。在这里，西田强调一种跨过二元对立逻辑，提倡东西统一的文化论思想。而且，西田认为："在东方文化

① 西田幾多郎.西田幾多郎全集第 7 卷.東京：岩波書店，1979，第 438 頁.
② 同上书，第 446 页。
③ 同上书，第 435 页。
④ 同上书，第 446 页。
⑤ 西田幾多郎.西田幾多郎全集第 13 卷.東京：岩波書店，1979，第 218 頁.
⑥ 西田幾多郎.西田幾多郎全集第 14 卷.東京：岩波書店，1979，第 260 頁.

的深层，存在着应与西方文化对抗的深远的东西。"①

事实上，作为形而上学的"知"这一未来的问题，一直就是西田几多郎毕生探索的哲学问题。西田几多郎曾在《从动者到见者》的序言中提道："在以形相为有，以形成为善的西方文化的灿烂发展之中，无疑是有许多可珍视的可学习的东西。但几千年来一直在哺育我们祖先的东方文化之根底，岂不是潜藏着所谓见无形之形、闻无声之声的东西吗？我们的心为此而求之不已。我想赋予这一要求以哲学根据。"② 在此，这样的潜藏在东方文化根底的逻辑，也就是西田所谓的"绝对无的场所"的逻辑。换句话说，西田希望建构的东方哲学，就是哪怕形式是西方的，但是内容必须是东方的，也就是以自我为核心的"无"的哲学。这也就是日本接受"哲学"这一概念的终极目标。

近代日本哲学的产生、发展的机制，应该说是基于一种"自我"与"他者"的关系的逻辑框架之下，换言之，如何通过贬低他者——朝鲜与中国，从而成就自我，也就是自我身份的认同，以及近代日本国家的建构，二者之间同步同构。这一点可谓是我们理解日本近代哲学本质的关键，这与18至19世纪欧陆哲学对西方资本主义世界的怀疑与全面反抗，乃至由此而体现出来的批判性和反思性的思潮可谓形成了鲜明的对比。

三、近代"日本哲学"建构对当下的启示

19世纪中后期中国出现的 philosophy 一词，一开始是延续17世纪以来的一个翻译，即"格物穷理之学"。但是，到了世纪更替之际，开始出现"哲学"这一译语，并确立了它作为统合之学的表达爱智、

---

① 西田幾多郎.西田幾多郎全集第12卷.東京：岩波書店，1979，第159頁.
② 西田幾多郎.西田幾多郎全集第4卷.東京：岩波書店，1979，第6頁.

探索真理的内涵。这一新的范畴应该说来自日本，日本哲学者的译语取代了中国人接受西方学问之际自创的诸多范畴。那么，站在中日接受西方哲学的共同课题这一前提下，基于中日比较的视角，这里就近代"日本哲学"诠释与建构问题进一步加以提炼，归纳出它对当下具有怎样的借鉴与启发。

学者吴光辉的研究表明："对日本而言，中国始终是一个'巨大的他者'，近代日本通过把握西方的话语方式来表述自身的独立性，且按照西方的思维方式走出一条殖民主义的道路。不可否认日本人所描绘的'中国形象'是为了脱离亚洲，更是为了'去中国化'这一目的"[①]；而中国近代知识分子的民族"自画像"，是为了激励国民以争取民族的独立自强。其次，对于"中国哲学"，我们依旧期望赋予它以一种"合理性"的基础，并且尝试着去解读它。在此必须指出，如果以"从西方到日本再转化到中国""从传统儒学到西方哲学"这样一种线性结构的解读方式，并且站在所谓合理主义的立场，进一步将这样的诠释和理念的差异扩大到近代化模式和国家之间的差异的话，那么是否可以找到一条证明我们自身的研究道路？这样确实会令人产生疑问，即便是深入下去，其结果或许也会陷入二元对立的深渊之中。对此，本书无力驾驭如此庞大的时代背景下复杂的叙事结构，且为了避免陷入"共谋"的陷阱之中，故留待日后来深入探讨。

因此，我们必须打破"日本哲学的独创性"一类的模式固见，或者中国与日本二元论式的比较研究所推导出来的"优胜劣败"的思维方式，避免借助他者认识来确立自身的"自画像"的一个陷阱，或者将自身设定在一个边缘的地位，而是要真正地深入日本哲学建构的系

---

① 吴光辉：《他者之眼与文化交涉——现代日本知识分子眼中的中国形象》，厦门大学出版社，2013年，第47页。

统内部,来审视作为"文明存在形态"的近代化的多样性,以及日本哲学建构的成功与缺失。那么,近代日本哲学的建构究竟有什么样的经验与借鉴呢?

第一,哲学的普遍意义究竟何在?站在现代性的立场,我们在思考哲学的"解构"的同时,也需要树立起一条建构的范式。这样一条范式不是重新开始,而应该是一个"嫁接",即在基于"知"的哲学传统的基础之上,进一步充实与彰显具有时代性格的哲学思想。例如:西田几多郎通过自身宗教哲学,针对西方哲学的"主客二元论"式的知识结构,提出了以"纯粹经验"为代表的"知情意合一"的框架。也就是采取了一个现代性的解构的方式,对西方的所谓"知"的传统进行了重新诠释。与日本哲学注重"情"这一环节,并赋予"情"以存在之根本地位的操作相比,中国哲学,尤其是近代以来的中国哲学尤为注重"意志"或者"行"的一面,由此深入下去,我们或许亦可以开辟出一条超越西方哲学,谋求自身哲学合法性的道路。这一问题的根本在于一个"哲学"的话语权的争夺。而且,现阶段中国一流哲学者的哲学活动与哲学思索也为我们思考所谓的"合法性"①问题提供了一个参照,有利于我们应对"中国哲学"的合法性危机的问题。

第二,日本诠释和树立自身哲学"合法性"的路径,可以说存在着不少值得我们借鉴与反思的问题。作为指向世界哲学建构的近代日本哲学,通过"对决、相处、对话",试图走出一条克服与超越"合法性危机"的道路,建构起具有自身独特性格的日本哲学。但是,时至今日,这样一个危机始终不曾走向终结,应该说随着西方哲学自身的

---

① 2009 年 4 月,在辽宁大学承办的第二届"中日哲学论坛"闭幕式上,学者卞崇道发言提道:"日本哲学为什么得不到日本学者的承认呢?如果我们所研究的日本哲学都得不到日本学者的承认,那么我们研究的价值与意义究竟何在呢?"这也就是日本哲学的"合法性"的问题。

发展与延续，这一合法性的危机作为一个隐性的存在，始终是我们不得不面对的一大问题。同时，我们也不得不质疑这一时期的日本哲学者是否正确地理解了西方哲学的内涵，而且，我们要如何来看待这一问题？正如德国哲学家海德格尔与日本哲学者、京都学派学者九鬼周造（1888—1941）就美学概念"粹（いき）"而展开的对话一样，东方哲学家和西方哲学家不仅存在着理解上的错位，也存在着过度的诠释乃至误读。如何最大化地消减或者克服这样的问题，直接地面对自身的合法性危机的研究，是日本近代知识分子不得不直面的问题。事实上，"日本哲学"是否存在，实质上不是一个本质性的问题，而是"日本哲学"这一范畴本身就是会持续地"遭遇"质疑的一大问题。最为关键的是日本学者标榜的普遍性的"哲学"在近代日本被曲解、被误读，成为所谓的"日本哲学"诞生的前提，但是"日本哲学"这一范畴却始终难以脱离普遍性与特殊性之间的"悖论"，难以摆脱身份认同的本质性、深层性的"危机"。

第三，本书认为始终保持主体性的意识固然重要，但是更为关键的还在于这样的建构活动所存在的系统化的构思、民族性的思维与审美式的架构。这一点既是我们审视日本接受、转化、创生"philosophy"概念的价值之所在，也是目前讨论中国哲学"身份"的一大借鉴之所在。正如中国哲学界遭遇到的"中国哲学"这一概念的问题一样，我们或许可以借助这一它山之石，来应对我们自身的"合法性危机"的问题。

本书试图阐述与论证的，是近代"日本哲学"诠释与建构的基本模式和内在逻辑，而且，本书的研究主旨之一在于反思与批评，并非期待这样的模式具有普遍性的意义。不过，日本知识分子接受诠释与转化建构"philosophy"的过程，对于当下推动"中国文化走出去"的文化政策以及"新时代条件下推动中华优秀传统文化创造性转化、创新性发展",无疑具有一定的借鉴意义。本书认为,我们不应仅仅只是追求形式上的转化,还应在本质上探究如何传承和弘扬中华优秀传统文化,并在新的时代背景下推动中华优秀传统文化创造性转化、创新性发展。回答好这一重大问题,关键在于如何结合时代条件加以继承和发扬,赋予其新的含义。我们要打破盲从与依附心理,勿要缺失自身的主体性意识,通过开拓交流途径,树立符合中国国情的正统性学问,贯彻与时俱进的实学精神,走出一条具有中国特色的、立足自身文化传统的中国哲学建构和发展道路。

附　录

西周、井上哲次郎和西田几多郎哲学活动大事年表

年代	西周	井上哲次郎	西田几多郎	历史事件
1829	出生于日本石见国津和野藩的藩医世家。			
1840	西周正式进入津和野藩的藩校养老馆，开始接收严格的儒学训练。			
1848	西周撰写出《述对徂徕学志向文》一文，描述自己青年时期从程朱之学转向徂徕学的过程与感悟。			
1849	西周接受藩命，放弃学医，一心修习儒学，并先后在大阪的松阴塾和冈山学校游学三年。			
1853	西周接受藩命到达江户的藩邸，任时习堂讲释，负责讲经，并开始攻读荷兰文。			7月8日，美国太平洋舰队司令培里率舰队驶入日本浦贺港，打开日本国门，从此日本被迫开国。
1854	西周与津和野藩脱离关系。			3月，日美双方签署"日美亲善条约"。

年代	西周	井上哲次郎	西田几多郎	历史事件
1855	西周开始学习英文。	生于日本筑前国（今福冈县）太宰府。		
1856				幕府设立蕃书调所，开始承担洋学教育、翻译与管理。
1860	西周受幕府之聘，任藩书调所下等助教。			2月4日，幕府第一次派遣赴美使节团"咸临丸"出行。
1861	西周为津田真道的新书撰写题为《性理论》的跋文。			
1862	西周开始留学荷兰。	向中村德山习汉籍。		
1867	写出《百一新论》。			
1868		离开博多，向村上研次郎学习英语。		1月3日，《王政复古大号令》颁布。4月6日，《五条御誓文》颁布，日本明治维新开始。
1870	西周开设私塾育英舍，并教授"百学连环"，写出《百学连环》《复某氏书》《灵魂一元论》《灯影问答》等文章。		出生于石川县河北郡。	
1871		往长崎，进入长崎的广运馆学习西学。		9月2日，设立文部省，江藤新平担任第一任文部大辅。11月20日岩仓具视使节团出访欧美。

续表

年代	西周	井上哲次郎	西田几多郎	历史事件
1873	写出《生性发蕴》。			文部省设立文书局，内设翻译科与编书科。学术团体明六社成立。
1874	加入明六社，并在明六杂志上发表《知说》和《国民风气论》等一系列启蒙思想的文章。			3月明六社开始发行《明六杂志》。《民撰议院设立建白书》提出，自由民权运动兴起。
1875	发表《哲学关系断片》和《人生三宝说》。	1月到东京，2月入东京开成学校学习。		江华岛事件，次年与朝鲜签署《江华岛条约》。
1877	发表《论学问在于深挖渊源》一文。	考入东京大学哲学系专业学习。		4月12日，东京大学成立，设立文、法、理、医4学部。8月，文部省编撰《日本教育史略》。12月19日，东京大学举行第一届毕业典礼，次年同日，东京大学被赋以学位授予权。
1878				美国人费诺洛萨、英国人尤因被聘任为东京大学教师。8月，东京大学制定《选科生规则》。
1879	出任东京学士会院的第二任会长。			8月，元田永孚起草《教学大旨》。9月，废《学制》，制定《教育令》。

续表

年代	西周	井上哲次郎	西田几多郎	历史事件
1880	起草《军人敕语》。	7月东大哲学政治学系毕业。10月入文部省，开始编写《东方哲学史》。		12月28日，颁布《改正教育令》。
1881		4月编纂《哲学字汇》，10月与杉浦重刚等创刊《东洋学艺杂志》。		东京大学文学部两大学科改组成三个学科：第一科哲学科，第二科政治学和理财学科，第三科和汉文学科。
1882		成为东大文学部助理教授。		东京专门学校开校。
1883		在东京大学开始教“东方哲学史”。		
1884		受日本文部省派遣，前往德国留学。		
1885		加入“东京大学哲学会”，开始留学德国海德堡大学、莱比锡大学。		1884年1月，井上圆了创设东京大学“哲学会”；4月，元田永孚撰写《宗教意见书》，确立以儒教为主的国教。
1890		留学归国，任东京大学教授。		7月，结成哲学研究会，加藤弘之任会长。10月30日，《教育敕语》颁布。次年，井上哲次郎撰写《教育敕语衍义》。

年代	西周	井上哲次郎	西田几多郎	历史事件
1891		编写出版《教育敕语衍义》和《关于宗教和教育》。	入东京大学哲学科选科班学习。就学于井上哲次郎、柯伯（Raphael von Koeber）。	内村鉴三不敬事件；开始"宗教与教育的冲突"问题的论争。
1893		编写出版《教育和宗教的冲突》。		
1894			从东京大学毕业。	甲午战争爆发。
1896			成为第四高等学校讲师。	
1897	西周逝世。	撰写《现象即实在论要领》，开始担任东京大学文科校长。		京都大学成立。
1899			成为第四高等学校教授。	
1900		出版《日本阳明学派之哲学》。		桑木严翼编写出版《哲学概论》。
1901		开始刊行《日本伦理汇编》。	自金泽洗心庵雪门禅师处取得"寸心"名号。	福泽谕吉和中江兆民逝世。
1902		出版《日本古学派之哲学》。		
1906		出版《日本朱子学派之哲学》。		日俄战争结束。
1909			成为学习院大学教授。	

年代	西周	井上哲次郎	西田几多郎	历史事件
1910			成为京都大学副教授。	日本吞并韩国。
1911			《善的研究》出版。	
1913			升为京都大学教授。	
1915			出版《思索与体验》。	
1917			出版《自觉中的直观和反省》。	俄国十月革命爆发。
1920			出版《意识的问题》。	国际联盟成立。
1923		3月从东京大学退休，10月任大东文化学院教授。	出版《艺术与道德》。	日本发生关东大地震。
1925			西田妻子寿美逝世。	日本制定治安维持法。
1927			出版《从动者到见者》，任帝国学士院会员。	日本爆发金融危机。
1928			从京都大学退休。	
1930			出版《普遍者的自觉的体系》。	
1932			出版《无的自觉的限定》。	日本海军将校发动"五一五事件"。
1933			出版《哲学的根本问题》。	日本退出国际联盟。

年代	西周	井上哲次郎	西田几多郎	历史事件
1934			出版《哲学的根本问题续篇》。	
1935			出版《哲学论文集·第一》。	
1937			出版《哲学论文集·第二》。	日本开始全面侵华。
1939			出版《哲学论文集·第三》。	第二次世界大战爆发。
1940			出版《日本文化的问题》，获日本文化勋章。	德意日建立轴心同盟。
1941			出版《哲学论文集·第四》。	太平洋战争爆发。
1944		在东京去世。	出版《哲学论文集·第五》。	
1945			于镰仓去世。出版《哲学论文集·第六》。	8月，日本无条件投降，第二次世界大战结束。

主要参考文献

一、中文文献

卞崇道、〔日〕加藤尚武编:《当代日本哲学家》,社会科学文献出版社,
　　1992年。

卞崇道:《现代日本哲学与文化》,吉林人民出版社,1996年。

卞崇道主编:《哲学的时代课题——走向21世纪的中日哲学对话》,沈阳出版
　　社,2000年。

卞崇道:《日本哲学与现代化》,沈阳出版社,2003年。

卞崇道:《东亚哲学史上西周思想的意义——透视"哲学"用语的定译理念》,
　　《杭州师范学院学报(社会科学版)》2007年第6期。

卞崇道:《融合与共生——东亚视域中的日本哲学》,人民出版社,2008年。

卞崇道:《论宗教与哲学的关系——井上圆了与西田几多郎之比较》,《浙江树
　　人大学学报(人文社会科学版)》2009年第6期。

陈嘉明:《"现代性"与"现代化"》,《厦门大学学报(哲学社会科学版)》
　　2003年第5期。

崔世广:《近代启蒙思想与近代化——中日近代启蒙思想比较》,北京航空航天
　　大学出版社,1989年。

方昌杰:《日本近代哲学思想史稿》,光明日报出版社,1991年。

韩东育:《从"脱儒"到"脱亚":日本近世以来"去中心化"之思想过程》,
　　台湾大学出版中心,2009年。

胡伟希:《20世纪西方哲学东渐史:中国本土文化视野下的西方哲学》,首都
　　师范大学出版社,2002年。

黄见德:《西方哲学在当代中国》,华中理工大学出版社,1996年。

黄见德:《20世纪西方哲学东渐问题》,湖南教育出版社,1998年。

黄见德:《20世纪西方哲学东渐史导论》,首都师范大学出版社,2002年。

金熙德:《日本近代哲学史纲》,延边大学出版社,1988年。

李承贵:《中西文化之会通》,江西人民出版社,1998年。

梁启超:《清代学术概论·儒家哲学》,天津古籍出版社,2004年。

林美茂:《"哲学"抑或"理学"?——西周对Philosophy的误读及其理论困境》,《哲学研究》2012年第12期。

刘及辰:《西田哲学》,商务印书馆,1963年。

刘岳兵:《西田哲学中矛盾的现代性:与时局的对抗和屈服》,《世界哲学》2010年第1期。

孙彬:《论西周从"philosophy"到"哲学"一词的翻译过程》,《清华大学学报(哲学社会科学版)》2010年第5期。

王家骅:《儒家思想与日本文化》,浙江人民出版社,1990年。

王守华、卞崇道:《日本哲学史教程》,山东大学出版社,1989年。

吴光辉:《传统与超越——日本知识分子的精神轨迹》,中央编译出版社,2003年。

吴光辉:《他者之眼与文化交涉——现代日本知识分子眼中的中国形象》,厦门大学出版社,2013年。

吴汝钧:《京都学派哲学七讲》,台湾文津出版社,1998年。

熊月之:《西学东渐与晚清社会》,上海人民出版社,1994年。

徐水生:《西周在西方哲学范畴汉字化上的贡献》,《延边大学学报(社会科学版)》2007年第4期。

朱谦之:《日本的朱子学》,生活·读书·新知三联书店,1958年。

朱谦之编著:《日本的古学及阳明学》,上海人民出版社,1962年。

朱谦之:《日本哲学史》,人民出版社,2002年。

〔法〕柏格森:《形而上学导言》,刘放桐译,商务印书馆,1963年。

〔法〕柏格森:《时间与自由意志》,吴士栋译,商务印书馆,1997年。

〔法〕柏格森:《创造进化论》,肖聿译,华夏出版社,2000年。

〔法〕雅克·德里达:《多重立场》,佘碧平译,生活·读书·新知三联书店,2004年。

〔美〕本杰明·史华兹:《寻求富强:严复与西方》,叶凤美译,江苏人民出版社,2005年。

〔美〕费伯格:《西田哲学中的现代性问题》,刘丰译,《世界哲学》2004年第2期。

〔美〕威廉·詹姆斯:《心理学原理》,唐钺译,商务印书馆,1963年。

〔美〕威廉·詹姆斯:《彻底的经验主义》,庞景仁译,上海人民出版社,1987年。

〔日〕大峰显:《西田几多郎的宗教思想——从生命论的视角出发》,黄燕青译,《世界哲学》2002年第5期。

〔日〕渡边二郎:《客观性的探索与主体性的确立——"日本的哲学"课题》,吴光辉、杨晓莉译,《日本问题研究》2012年第1期。

〔日〕高坂史朗:《从儒学到哲学》,见卞崇道、〔日〕藤田正胜、〔日〕高坂史朗主编:《中日共同研究:东亚近代哲学的意义》,沈阳出版社,2002年。

〔日〕高坂史朗:《近代之挫折:东亚社会与西方文明的碰撞》,吴光辉译,河北人民出版社,2006年。

〔日〕高坂史朗:《东洋与西洋的统合》,吴光辉、林斌译,《日本问题研究》2012年第3期。

〔日〕铃木正、卞崇道:《日本近代十大哲学家》,上海人民出版社,1989年。

〔日〕藤田正胜:《"场所"——来自根本之处的思索》,《世界哲学》2002年第5期。

〔日〕藤田正胜:《日本如何接受"哲学"?》,吴光辉、杨晓莉译,《日本问题研究》2012年第1期。

〔日〕藤田正胜:《何谓思想间的"对话"?》,吴光辉译,《世界哲学》2013年第3期。

〔日〕藤田正胜:《西田几多郎视野下的"东洋"与"世界"》,见王青主编:《日本哲学与思想研究文集》,中国社会科学出版社,2015年。

〔日〕藤田正胜:《西田几多郎:生与哲学》,林永强译,台湾联经出版事业股份有限公司,2016年。

〔日〕西田几多郎:《场所》,吴光辉译,《世界哲学》2002年第5期。

〔日〕西田几多郎:《善的研究》,何倩译,商务印书馆,2010 年。

〔日〕狭间直树编:《梁启超·明治日本·西方》,社会科学文献出版社,
　　2001 年。

〔日〕子安宣邦:《东亚论——日本现代思想批判》,赵京华编译,吉林人民出
　　版社,2004 年。

〔英〕伯特兰·罗素:《西方哲学简史》,文利编译,陕西师范大学出版社,
　　2010 年。

二、日文著作

川村永子. キリスト教と西田哲学. 東京: 新教出版社, 1988.

舩山信一. 舩山信一著作集第六卷明治哲学史研究. 東京: こぶし書房, 1999.

舩山信一. 舩山信一著作集第五卷西田·ヘーゲル·マルクス. 東京: こぶし
　　書房, 1999.

大久保健晴. 近代日本の政治構想とオランダ. 東京: 東京大学出版会, 2010.

大久保利謙. 西周全集 1—4 卷. 東京: 宗高書房, 1960—1981.

島根県立大学西周研究会. 西周と日本の近代. 東京: ぺりかん社, 2005.

島薗進、磯前順一. 井上哲次郎集第 5 卷 (哲学と宗教). 東京: 株式会社クレス
　　出版, 2003.

高坂史朗. 東アジアの思想対話. 東京: ペリカン社, 2014.

高橋里美. 高橋里美全集第 4 卷. 東京: 福村出版, 1973.

溝口雄三、浜下武志. 近代化像 (アジアから考える「5」). 東京: 東京大学出
　　版会, 2002.

花岡永. 絶対無の宗教哲学. 東京: 世界思想社, 2001.

菅原光. 西周の政治思想. 東京: ぺりかん社, 2009.

今村仁司. 近代性の構造. 東京: 講談社, 1994.

井上克人. 西田幾多郎と明治の精神. 大阪: 関西大学出版部, 2011.

井上哲次郎. 哲学与宗教. 東京: 弘道館, 1915.

井上哲次郎. 明治哲学界の回顧. 東京: 岩波書店, 1932.

井上哲次郎. 井上哲次郎自伝. 東京: 富山房, 1973.

九鬼周造. 九鬼周造全集第 3 巻. 東京：岩波書店，1981.

酒井直樹. 日本思想という問題. 東京：岩波書店，2007.

李暁東. 近代中国の立憲構想――厳復、楊度、梁啓超と明治啓蒙思想. 東京：
　　法政大学出版局，2005.

梅棹忠夫. 日本とは何か――近代日本文明の形成と発展. 東京：日本放送出版
　　協会，1997.

浅見洋. 西田幾多郎とキリスト教の対話. 東京：朝文社，2000.

区建英. 自由と国民――厳復の模索. 東京：東京大学出版会，2009.

三谷博編集. 19 世紀日本の歴史. 東京：放送大学教育振興会，2001.

桑木厳翼. 日本哲学の黎明期：西周の『百一新論』と明治の哲学界. 東京：書
　　肆心水，2008.

上田閑照. 西田幾多郎を読む. 東京：岩波書店，1991.

松本三之介、山室信一編集. 学問と知識人（日本近代思想大系 10）. 東京：岩
　　波書店，2000.

松島弘. 近代日本哲学の祖――西周の生涯と思想. 東京：文芸春秋企画出
　　版部，2014.

藤田正勝. 日本近代思想を学ぶ人のために. 東京：世界思想社，1997.

藤田正勝. 現代思想としての西田幾多郎. 東京：講談社，1998.

藤田正勝、卞崇道、高坂史朗編. 東アジアと哲学. 東京：ナカニシャ出版，
　　2003.

藤田正勝. 思想間の対話――東アジアにおける哲学の受容と展開. 東京：法政
　　大学出版局，2015.

丸山真男. 日本政治思想史研究. 東京：東京大学出版社，1983.

西田幾多郎. 西田幾多郎全集第 1―18 巻. 東京：岩波书店，1978―1980.

小坂国継. 明治哲学の研究――西周と大西祝. 東京：岩波書店，2013.

小泉仰. 西周と欧米思想との出会い. 東京：三嶺書房，1989.

小野寺功. 大地の哲学――場所的論理とキリスト教. 東京：三一書房，1983.

宇野重昭. 近代化の展開. 東京：講談社，1974.

植手通有. 明治啓蒙思想の形成とその虚弱性――西周と加藤弘之を中心とし

て（日本の名著 34）. 東京: 中央公論社, 1972.

中江兆民. 中江兆民全集第 10 巻. 東京: 岩波書店, 1986.

竹内好. 近代とは何か. 竹内好全集第 4 巻. 東京: 筑摩書房, 1980.

竹内好. 近代の超克. 東京: 筑摩書房, 1983.

竹内良知. 西田幾多郎と現代. 東京: 第三文明社, 1978.

佐伯啓思. 西田幾多郎——無私の思想と日本人. 東京: 株式会社新潮社, 2014.

佐藤慎一. 近代中国の知識人と文明. 東京: 東京大学出版社, 1996.

佐々木揚. 清末中国における日本観と西洋観. 東京: 東京大学出版社, 2000.

三、日文论文

安酸敏眞. 福沢諭吉と西周の留学体験: わが国の知識人と留学（その一）. 北海
　学園大学人文論集（60）, 2016.

板橋勇仁. 日本における哲学の方法——井上哲次郎から西田幾多郎へ. 立正大
　学文学部業（119）, 2004.

卞崇道. 東アジアの哲学史上における西周思想の意義. 北東アジア研究第
　14・15 合併号, 2008.

大橋良久. 純粋経験としての歴史. 西田哲学会年報（3）, 2006.

荻原桂子. 夏目漱石と西田における東洋と西洋——『行人』と『善の研究』. 九
　州女子大学紀要第 43 巻 1 号, 2006.

渡部清. 井上哲次郎における「現象即実在論」の仏教哲学的構造について. 哲
　学科紀要（23）, 1997.

渡部清. 井上哲次郎の哲学体系と仏教の哲理. 哲学科紀要（25）, 1999.

渡部清. 日本主義的形而上学としての「現象即実在論」: 井上哲次郎の立論を
　中心に. 哲学論集（28）, 1999.

渡辺望.「百学連環」の歴史的位置と意義. 北東アジア研究第 14・15 合併号,
　2008.

高坂史朗. 西周の「哲学」と東アジアの学問. 北東アジア研究（3）, 2008.

高坂史朗. 西田幾多郎の「自覚」の立場——大正期の時代思潮との関連につ
　いて. 人文研究, 大阪市立大学大学院文学研究科紀要（第 66 巻）, 2015.

井ノ口哲也. 井上哲次郎の江戸儒学三部作について. 東京学芸大学紀要. 人文社会科学系（1），2009.

井上克人. 純粋経験の論理. 西田哲学学会年報（2），2005.

久保陽一. 近代日本哲学における西洋思想と伝統思想との関連について：西周から九鬼周造まで. 駒沢大学文化（3），2012.

李彩華.〈知の制度化〉から考える清末民初中国哲学の日本での伝達状況. 哲学と現代（32），2017.

鈴木登. 西周哲学における認知領域の範囲と性格――「統一科学」体系とその西欧啓蒙思想との試論的比較. 北東アジア研究（3），2008.

鈴木修一. 西周「人生三宝説」を読む. 人文研究：神奈川大学人文学会誌（3），2008.

森下直貴. 井上哲次郎の〈同 = 情〉の形而上学――近代日本哲学のパラダイム. 浜松医科大学一般教育（29），2015.

杉本耕一. 西田幾多郎の「宗教哲学」と清沢満之の「宗教哲学」. 現代と親鸞（33），2016.

石井砂母亜. 西田哲学とキリスト教 ―― 愛の概念の展開として. 国際哲学研究（2），2013.

湯川敬弘. 西周の思索における哲学の理と宋学の理. 漢文学解釈与研究（8），2005.

藤田正勝. 近代日本哲学のポテンシャル――「哲学」の意味をめぐって. 哲学（57），2006.

田中裕. 無の場所と人格――西田哲学とキリスト教の接点. 理想（681），2008.

田中裕. 西田哲学とキリスト教. キリスト教文化研究所紀要（3），2013.

相楽勉. 初期日本哲学における「自然」の問題. 東洋大学「エコ・フィロソフィ」研究（9），2015.

小坂国継. 純粋経験とは何か. 場所（10），2011.

小坂国継. 西田哲学と宗教哲学. 国際哲学研究（2），2013.

小泉仰. 西周の現代的意義. アジア文化研究（3），2012.

野村英登. 陽明学の近代化における身体の行方：井上哲次郎の中江藤樹理解を

中心に（自然観探求ユニット）.「エコ・フィロソフィ」研究（10），2016.

永井晋. 西田幾多郎と近代日本の哲学. 国際哲学研究（3），2014.

中村春作. 近代の「知」としての哲学——井上哲次郎を中心に. 日本の哲学第

　8号，2007.

后　记

执笔还斟酌，掩卷长叹息。沿着前人研究的足迹，在博士论文修改和完善的基础上，我完成了这本专著。不过，拙论是否可以揭示近代"日本哲学"的本质内涵，是否可以阐明近代"日本哲学"诠释与建构的内在逻辑，我却并没有多少自信。或许学术研究就是这样一个"患得患失"的过程。在此，我也竭诚希望有识之士给予批评与指教，以期待将来的拓展与进步。

值此付梓之际，我首先要感谢恩师吴光辉教授。正是他的宽容与远见，令我下定决心，将翻译史、比较文化学和思想史研究贯穿在一起，选择了众多学者曾经研究过的"日本哲学"这一复杂课题。令我无比感动的是，吴光辉教授的谆谆教诲与无私指导带有了极为显著、极为深刻的批判性思索，且这样的批判性思索源自他注重思辨和批评的研究方法，为困惑于文学审美、哲学思辨、历史诠释之间的我提供了一盏明灯，令我意识到学问与方法的贯通融汇之处。在我选择研究题目之初，恩师就提醒我勿要流于历史性描述，不要屈服于他者叙事的固化型思路，要反思日本学者为什么要建构"日本哲学"；在我执笔撰写之际，恩师也不断给予鼓励与关心，为我提供了众多研究资料。恩师的一言一行，谆谆教诲，令我受益匪浅，感激终身。

在我撰写完善拙著之际，得到了来自中国社科院日本研究所崔世广教授、日本岛根县立大学李晓东教授的批评与指导，在此致以真诚的感谢！本著作的撰写也得到福州大学外国语学院潘红教授、钟晓文教授、金玉花副教授、葛茜副教授等多位同仁的关心与帮助，福州大学外国语学院研究生潘思婷同学也就拙著进行了校对，在此一并致谢！

拙著的出版获得了福州大学外国语学院学术专著出版基金的支持，也是教育部人文社会科学研究青年基金项目（项目号：20YJCZH011）的结项成果，更是获得商务印书馆的支持与关照。在此，谨向福州大学外国语学院学术专著出版基金，向商务印书馆史慧敏编辑，向为拙著作序的恩师吴光辉教授致以最深切的感谢！

最后，我要感谢最敬爱、最亲爱的家人们的大力支持，尤其感谢我的父母、妻子与可爱的女儿们，正是他们的无私付出和大力支持，我才得以完成博士课程，并得以出版拙著。

如何把握"日本哲学"，如何研究"日本哲学"，一直是中国的日本学研究者极为关注的一大焦点问题。拙著得以出版，应该说得益于以卞崇道、崔世广、郭连友、王青、林美茂、牛建科、刘岳兵等为代表的一大批中国与日本学者的研究成果，在此也诚挚期望各位前辈学者、各位学术同仁予以批评与赐教。

陈晓隽

2023 年 7 月于榕城

图书在版编目（CIP）数据

概念史视域下近代"日本哲学"的诠释与建构 / 陈晓隽著 . — 北京：商务印书馆，2023
ISBN 978－7－100－22727－8

Ⅰ.①概… Ⅱ.①陈… Ⅲ.①哲学思想—研究—日本—近代 Ⅳ.① B313.4

中国国家版本馆 CIP 数据核字（2023）第 127969 号

概念史视域下
近代"日本哲学"的诠释与建构
陈晓隽 著

商 务 印 书 馆 出 版
（北京王府井大街 36 号 邮政编码 100710）
商 务 印 书 馆 发 行
北京顶佳世纪印刷有限公司印刷
ISBN 978－7－100－22727－8

2023 年 8 月第 1 版 开本 710×1000 1/16
2023 年 8 月北京第 1 次印刷 印张 13¾

定价：69.00 元